Peter Landgraf   Die Rätsel der Geschichte
und
Der Anfang vom Ende

Peter Landgraf

Die Rätsel der Geschichte
und
Der Anfang vom Ende

Mit gemalten Bildern

ISBN 9 783751 967303

Herstellung und Verlag: BoD – Books on Demand, Norderstedt
Text, Gouachen, Aquarelle und Zeichnungen Peter Landgraf
Internet: www.peterlandgraf.de
Die Deutsche Bibliothek verzeichnet diese Publikation in der
Deutschen Nationalbibliothek; Internet http://dnb.ddb.de
Titelbild: Felsentempel in Petra, Jordanien

Inhalt

Vorwort

Vor nur wenigen Jahren, es war 2015, entdeckten Naturwissenschaftler um den US-Amerikaner Kip S. Thorne und den Briten Stephen Hawking mittels spezieller von ihnen entwickelter Detektoren erstmals Gravitationswellen. Die Ursache dieser Wellen war nach ihren Beobachtungen ein Zusammenstoß zweier Schwarzer Löcher in einer für den normalen Menschen unvorstellbaren Entfernung von 1,3 Milliarden Lichtjahren von der Erde.

Die Freude der beiden und aller weiteren Beteiligten war groß, denn sie wähnten sich einen weiteren großen Schritt näher zur Beantwortung der großen Frage: Wie hat alles angefangen? Wie entstand das Universum?

Dieses Rätsel der Geschichte beschäftigt die Menschen seit Anbeginn ihrer Existenz nachhaltig. War es Gott, der Himmel und Erde und die Menschen erschuf? Wenn ja, welcher Gott war es? Jener der Juden, Christen und Muslime, der Hindus und Buddhisten oder der Anhänger von Naturreligionen? Oder begann alles mit einem singulären Effekt, einem Urknall, der Materie, Energie, Raum und Zeit hervorbrachte und auf der Erde Leben samt der zu beobachtenden Evolution entstehen ließ?

Wie das Universum im Einzelnen entstanden ist und warum, das ist nach wie vor ein Geheimnis. Gott ist dabei die Vorstellung des Menschen, seine Annahme, Vermutung für das durch ihn nicht Begreifbare und Erklärbare. Allerdings ist dem Menschen auch die Erklärung – wer oder was ist Gott – ebenfalls nicht möglich.

Peter Landgraf

Der Beginn unserer Zeit

Schon immer haben sich die Menschen gefragt: Woher kommen wir? Was ist der Sinn unseres Lebens? Wer hat die Erde und das Universum erschaffen? Eine befriedigende Antwort konnten sie nur finden, wenn sie die Bibel aufschlugen und ihren Anfang lasen. Denn die Bedeutung des Buches Genesis, des ersten Buches Moses, liegt in seinen Aussagen über Gott als den Schöpfer der Welt, 1,1-2,4a:

„Gott sprach am ersten Tag: Es werde Licht. Und es wurde Licht.

Am zweiten Tag sprach Gott: Ein Gewölbe entstehe. Und Gott nannte es Himmel.

Am dritten Tag sprach Gott: Das Wasser sammle sich, damit das Trockene sichtbar werde. Das Trockene nannte Gott Land und das Wasser Meer.

Am vierten Tag sprach Gott: Lichter sollen am Himmelgewölbe sein, um Tag und Nacht zu scheiden und es wurde Abend und Morgen.

Am fünften Tag sprach Gott: Das Wasser wimmle von lebendigen Wesen und Vögel sollen über dem Land dahinfliegen.

Am sechsten Tag sprach Gott: Das Land bringe alle Arten von Vieh und Tieren hervor, und er sah, dass es gut war. Gott sah, dass es gut war.

Dann sprach er: Lasst uns Menschen machen und Gott schuf Menschen als sein Abbild. Als Mann und Frau schuf er sie.

Den siebten Tag segnete Gott und erklärte ihn für heilig; denn an ihm ruhte Gott, nachdem er das Werk der Schöpfung vollendet hatte."

Das sind die Aussagen der Bibel, die von Abermillionen geglaubt und als bare Münze genommen werden. Nach den biblischen Aufzeichnungen war demnach die Schöpfung ein einfacher, in sieben Tagen zu erledigender Akt, wobei am letzten Schöpfungstag unser Urvater Adam und gleich darauf seine Frau, unsere Urmutter Eva, zum Leben erweckt wurden. Dann gab es den ersten Ruhetag.

Der Homo sapiens tat sich mit seiner Entwicklung ungleich schwerer. Es sollen hunderttausende von Jahren vergangen sein, bis der aufrechte Gang gelernt, erstes Handwerkzeug erfunden, die Verständigung nicht nur durch Handzeichen, sondern mittels Sprache möglich war und – schließlich und endlich – Schriftzeichen entwickelt wurden, um die Geschichte für die Nachwelt aufzuschreiben.

Nach den Erkenntnissen der modernen Wissenschaft liegt der Ursprung der Menschheit in Afrika, von wo sie sich über den Mittleren- und Fernen-Osten und nach Europa ausbreitete. Bei Steinbrucharbeiten wurden 1856 im Neandertal bei Düsseldorf Knochenfunde gemacht, die dem Homo neanderthalensis zugeordnet werden, der von 130.000 bis 30.000 v. Chr. in Europa siedelte. Ihm folgte etwa 40.000 v. Chr. der Homo sapiens.

Neandertaler beim Rabenstein

In der Zeit von etwa 42.000 bis 30.000 Jahren v. Chr. lebten maximal rund 3300 Individuen in West- und Mitteleuropa, und nur fünf Gebiete in Europa hatten nach diesen Schätzungen überhaupt eine überlebensfähige Population von etwa 150 Personen oder mehr: Nordspanien, Südwestfrankreich, Belgien, Teile Tschechiens und der obere Donauraum.

Im Zeitraum von etwa 40.000 bis 12.000 v. Chr. lebten frühe Homo sapiens in Europa, die Cro-Magnon-Menschen nach ihrer Fundstätte in Frankreich genannt werden. Der Cro-Magnon-Mensch hat im Laufe von Jahrtausenden

wahrscheinlich den Neandertaler in Europa verdrängt, wobei anatomisch interessant folgende Erkenntnisse sind:
- sein Gehirn war etwa so groß wie das eines heutigen Europäers,
- er besaß einen etwas längeren Schädel,
- er hatte ein ziemlich breites Gesicht,
- er war etwa 1,65 m groß,
- er war erfinderisch bezüglich besserer Werkzeuge und Waffen,
- er verfügte über künstlerische Begabung (Höhlenmalereien, Plastiken),
- er besaß religiöse Empfindungen, wie Grabbeigaben zeigen.

Zwischen Homo neanderthalensis und Homo sapiens ist es zu Mischungen gekommen, einer so genannten Hybridisierung, wie die Funde von Knochen späterer Homo sapiens beweisen. Weshalb die Neandertaler ausstarben, ist allerdings noch nicht erforscht. Auf jeden Fall haben sie ihr Denkvermögen über die Ur-Bedürfnisse Essen und Trinken, also stillen von Hunger und Durst hinaus entwickelt und sie stärkten ihr Bewusstsein, das Gewissen, den Instinkt und waren mit dem Feuermachen vertraut. Sie hatten auch Gefühle und ein Empfinden und, wie ihre Kunstwerke zeigen, viel Phantasie, also Vorstellungskraft, Einbildungskraft und Eingebung. Sie waren Sammler und Jäger, wie Funde ihrer Waffen und Werkzeuge beweisen.

Zeichnungen in Kantabrien in den Höhlen von
El Castillo   La Pasiega

Die einst etwa 1 km lange und 50 m tiefe Schlucht östlich von Düsseldorf wurde nach dem aus Bremen stammenden Pastor Joachim Neander benannt, der im 17. Jahrhundert als Rektor an der Lateinschule tätig war und seine

Freizeit häufig in dem wilden Tal verbrachte. Durch den Abbau des dortigen Kalksteins wurde die Schönheit der ursprünglich felsigen Landschaft zerstört und ein weites, idyllisch bewachsenes Tal entstand. Am Rabenstein, einem mächtigen Felsen, erinnert eine Gedenktafel an die Entdeckung fossiler Überreste eines frühen Homo in einer der Höhlen, dem nach seinem Fundort der lateinische Beiname neanderthalensis gegeben wurde.

Die ältesten Höhlenmalereien wurden in Spanien und Frankreich entdeckt, und zwar im Monte-Castillo-Höhlenkomplex in Kantabrien und in den Höhlen von Chauvet im Flusstal der Ardèche. Dort finden sich Darstellungen von Pferden, Hirschen, Auerochsen, Höhlenbären, Mammuts und anderen, aber auch Zeichen abstrakter Art. Die ältesten den Neandertalern zugeschriebenen Wandmalereien entstanden vor rund 65.000 Jahren.

In Höhlen der Schwäbischen Alb und der Wachau wurden Artefakte gefunden, die zu den ältesten der Welt gehören und vor 43.000 bis 33.000 Jahren geschaffen wurden. Sie sind aus Kalkstein, Knochen oder Stoßzähnen und zeigen die künstlerische Entwicklung der Menschen, wie Tierfiguren, Schmuckstücke, Musikinstrumente und Statuetten von Frauen und Männern.

Statuetten aus diversen Höhlen
Venus von Hohlefels, Löwenmensch vom Lonetal, Venus von Willendorf

Zu den ältesten menschlichen Kunstwerken zählen auch die Petroglyphen, das sind in Stein geschabte oder gravierte Felsbilder von Tieren, Menschen und abstrakten Symbolen. Die Höhle von Pair-non-Pair im französischen Département Girond enthält Gravuren aus dem Jungpaläolithikum, als der Cro-Magnon-Mensch vor 40.000 Jahren nach Europa einwanderte.

Wie in der Genesis berichtet wird, zürnte Gott ob der zunehmenden Schlechtigkeit der Menschen; Raub war an der Tagesordnung und die Männer nahmen sich Frauen, so viel sie wollten. „Ich will den Menschen, den ich erschaffen habe, vom Erdboden vertilgen, mit ihm das Vieh, die Kriechtiere und Vögel, denn es reut mich, sie gemacht zu haben." Nur Noah fand Gnade in den Augen des Herrn, Gen 1.6,5-6,8.

Die Arche Noah beim Ararat

Mit dem Bau der Arche sollte der fromme Noah überleben. Und er tat, wie ihm der Herr angewiesen hatte. Er baute eine Arche und bestieg mit seiner

Frau, den Söhnen und deren Frauen und zahlreichen Tieren beiderlei Geschlechts das rettende Schiff und entkam so der von Gott gesandten Sintflut.

Ähnliche Berichte über die große Flutkatastrophe finden sich im Atrahasis-Epos der sumerisch-akkadischen Zeit von etwa 1800 v. Chr., die zum Teil auch im babylonischen Gilgamesch-Epos wiedergegeben werden. Zahlreiche weitere Mythen der europäischen, orientalischen, asiatischen, afrikanischen und uramerikanischen Antike erzählen weltweit von vergleichbaren sintflutartigen und todbringenden Überschwemmungen.

„ Die Arche setzte im Gebirge Ararat auf", heißt es im Vers 1.8,4 der Genesis. Damit war das Überleben der Menschheit und Tierwelt gesichert.

Diese Aussage führte zu einer lebhaften Suche von Wissenschaftlern und anderen interessierten Menschen im Osten der Türkei, ohne dort jedoch bis heute fündig zu werden.

Das änderte sich im Jahr 2000. Die US-Wissenschaftsgesellschaft National Geographic berichtete, dass die von ihr organisierte Expedition unter dem Amerikaner Robert Ballard die Entdeckung einer menschlichen Siedlung im Schwarzen Meer bekanntgab. Mit seismischer Technik wurden Grundmauern mehrerer Gebäude, Reste von Holzbalken und Werkzeuge vor der Küste der türkischen Stadt Sinop entdeckt, deren Alter rund 7.500 Jahre betragen.

Nach den Erkenntnissen der Geologen lebten einst dort Menschen an einem Süßwassersee, der durch breites Land vom Mittelmeer getrennt war. Mit dem Ende der Eiszeit vor 12.000 Jahren stieg der Spiegel des Mittelmeeres durch das Schmelzen der Gletscher so gewaltig an, dass sich das Meer mit brachialer Gewalt eine Bahn schuf, in das tiefer gelegene Hinterland ergoss und dort alles Leben vernichtete. An diese Katastrophe erinnern heute nur noch der Bosporus und das Schwarze Meer – wenn sie sich dort zugetragen hat.

Eine umgekehrte Entwicklung scheint sich im Süden Afrikas in Namibia ereignet zu haben. Dort entspringt seit alter Zeit in den Naukluftbergen der Fluss Tsauchab, der den Atlantik nicht mehr erreicht, sondern nach 150 km in der 2.000 km langen Sandwüste Namib versickert und dort die Tonpfannen Sosussvlei und Deadvlei bildet. Diese sind ein beliebtes Ziel für Touristen, denn an ihren Rändern erheben sich gewaltige Dünen, von denen die Big Daddy mit etwa 350 m eine der größten der Welt ist.

Eine weitere Sehenswürdigkeit stellen die vertrockneten Kameldornbäume dar, die ein Alter von etwa 850 Jahren haben. Sie sind mit dem Einsetzen der

Kleinen Eiszeit im 15. bzw. 16. Jahrhundert abgestorben, obwohl ihre Wurzeln bis zu 60 m in die Tiefe reichen, dort aber kein Wasser mehr finden. Ihre Stämme und Äste recken sie noch immer gespensterhaft der Sonne und dem Himmel entgegen.

Kameldornbäume im Deadvlei der Wüste Namib

Ebenso gespenstisch berühren die zahlreichen Schiffswracks, die an der Küste nördlich von Swakopmund im Verlauf der Jahrhunderte im Nebel und bei Sturm in der dort unberechenbaren und äußerst gefährlichen Strömung gestrandet sind. Der Schiffsfriedhof führte für diesen Landstrich zur makabren Bezeichnung Skelettküste. Das älteste entdeckte Segelschiff verließ einst Lissabon 1533. Es wurde mit Elfenbein, Bronze-Barren und Goldmünzen beladen im Sand der Küste nahe bei Oranjemund 2008 gefunden.

Die bildende Kunst entwickelte sich auch in anderen Teilen der Welt, so zum Beispiel in Ägypten. In der Jungsteinzeit existierte dort etwa von 4500

13

bis 4000 v. Chr. die Badari-Kultur, die kleine, figürliche Schnitzereien als Grabbeigaben hervorbrachte. Ihr folgte die Naqada-Kultur, die sich von Ober- nach Unter-Ägypten ausdehnte, die Badari-Kultur ablöste und bis etwa 3000 v. Chr. andauerte.

In diesem Zeitraum lebten Abraham, der Stammvater der Juden, Christen und des Islam, und die Ötzi genannte Mumie, die in einem Gletscher am Tisenjoch in Südtirol 1991 entdeckt wurde. Der Mann aus dem Eis war etwa 1,60 m groß und 45 Jahre alt. Er war mit Pfeil und Bogen, einem Dolch mit Klinge aus Feuerstein und einem Kupferbeil ausgerüstet. War er auf der Jagd nach einer Gämse oder einen Steinbock? Oder war er auf der Flucht? Schnittverletzungen und Kratzer am Körper lassen erkennen, dass er in einen Kampf verwickelt war. Gestorben ist Ötzi ca. 3100 v. Chr. an einem Pfeilschuss in den Rücken, der eine Arterie durchtrennte.

Ötzi im Archeo Parc Schnalstal

Seine Kleidung bestand aus zusammengenähten Ziegen- und Schaffellen. Ötzi trug eine Jacke, Beinlinge, Schuhe und einen Lendenschurz. Er hatte auch eine Kopfbedeckung aus dem Fell eines Braunbären bei sich, außerdem eine Rückentrage und eine Gürteltasche.

* * *

Der griechische Geschichtsschreiber Herodot listete die sieben antiken Weltwunder auf, von denen die Pyramiden von Gizeh die ältesten zwischen 2600 und 2500 v. Chr. entstandenen und bis heute erhaltenen sind. Das größte und bekannteste Bauwerk unter ihnen und zu den sieben Weltwundern zählende, ist die Pyramide des Pharao Cheops. Unmittelbar daneben wurden die Pyramiden der Pharaonen Chephren und Mykerinos errichtet sowie die Große Sphinx. Alle Pyramiden dienten als Grabmal für die Pharaonen. Sie wurden exakt nach Ost und West ausgerichtet, dem Weg der täglich aufgehenden Sonne, des altägyptischen Sonnengottes Re, auch Ra genannt. Der Zweck der Sphinx konnte bis heute nicht enträtselt werden. Auf dem Körper eines Löwen blickt der Kopf eines Mannes nach Osten, über den Nil hinweg der aufgehenden Sonne, dem Sonnengott Re entgegen. Die Sphinx befindet sich im Osten der Chephren-Pyramide. Wollte sich dieser Pharao ein gottgleiches Denkmal setzen? Die Wissenschaft wird dieses Rätsel bestimmt noch lösen.

Pyramiden und Sphinx von Gizeh

Pharo war der Titel für den König von Ober- und Unter-Ägypten. Einige trugen ergänzend den Titel Sa Ra, Sohn des Re, Sohn des Sonnengottes. Der Pharao verstand sich als Sohn der Götter und Vermittler auf einer Ebene zwischen dem Himmel der Götter und der Erde der Menschen. Die lange Liste der mächtigen Könige und Pharaonen reicht von etwa 3300 v. Chr. bis zu Maximinus Daia, der 313 n. Chr. als römischer Kaiser Augustus verstarb. Die Pharaonen Ägyptens waren mächtige Herrscher, die großartige, als Ruinen erhaltene Tempel errichteten und zahlreiche Pyramiden. Pharao Djoser, der von 2720 bis 2700 v. Chr. regierte, erbaute in Sakkara die erste Pyramide, eine Stufenpyramide. Die letzte Groß-Pyramide ließ sich Ahmose in Abydos etwa 1500 v. Chr. erbauen. Bei ihr handelt es sich um einen Kenotaph, einem Ehrenzeichen für mehrere zu ehrende Tote. Unter Snofru, 2670-2620, der drei Pyramiden erbauen ließ, vollzog sich der Wechsel von der Stufenpyramide zur echten Pyramide. Sesostris I., 1919-1875, war ein bedeutender Herrscher mit großer Bautätigkeit, der sich eine eigene Grab-Pyramide errichten ließ und einen Teil Nubiens unterwarf. Hatschepsut regiert von 1479-1458 als Königin. Sie veranlasste eine Expedition ins Goldland Punt und ließ sich einen Totentempel auf der Westseite des Nils erbauen. Unter ihrem Stiefsohn Thutmosis III., 1458-1426, hatte Ägypten seine größte Ausdehnung. Von Amenophis III., 1390-1353, stammt der Großteil des Luxor-Tempels. Von seinem Totentempel beim Tal der Könige blieben nur die beiden Memnonkolosse erhalten. Amenophis IV., 1353-1336, der als Echnaton bekannt wurde, gründete die erste monotheistische Religion der Welt, in deren Mittelpunkt Aton, die Sonne stand. In Amarna ließ er die neue Residenz Achet-Aton erbauen und sich begraben. Doch die Nachfolger kehrten wieder zur alten Götterwelt zurück. Die Hauptfrau Echnatons war Nofretete, was „Die Schöne ist gekommen" bedeutete. Ihr Name wurde in Nefer-neferu-Aton geändert, in „Schön sind die Schönen des Aton". Sie war von 1336-1335 mit regierende Königin. Tutanchamun, 1332-1323, erlangte durch sein reich ausgestattetes und nicht geplündertes Grab Weltruhm. Er verlegte die Residenz von Amarna nach Memphis und setzte sich für die alte, klassische Religion ein. Sethos I., 1290-1270, kämpfte gegen die Syrer und Libyer. Sein Totentempel in Abydos enthält eine Königsliste mit 75 Vorgängern. Ein weiterer bedeutender Pharao war Ramses II., 1279-1213. Er führte Krieg mit den Hethitern und schloss den ersten Friedensvertrag der Weltgeschichte. In seiner Regierungszeit kam es zum Auszug der Israeliten aus Ägypten, über den die Bibel im 2. Buch

16

Moses, dem Exodus, berichtet. Scheschonq I. regierte von 946-924. Er zog mit seinen Kriegern nach Palästina und plünderte den Tempel von Jerusalem, was ein Relief in Karnak besagt. Kambyses II. eroberte Ägypten und gliederte es in das Perserreich ein. Er regierte von 525-522. Alexander der Große eroberte 332 Ägypten, gründete die Stadt Alexandria und bereitete die Herrschaft der makedonisch-griechischen Dynastie der Ptolemäer vor. Ihr Begründer wurde Ptolemaios I., 306-283, der die Bibliothek von Alexandria erbauen ließ. Mit Kleopatra, sie war die VII. Regentin dieses Namens, endete das Ägyptische Reich unter Führung der Ptolemäer. Sie regierte von 51-30 v. Chr. Trotz einer Liaison zuerst mit Gaius Julius Cäsar und nach dessen Ermordung mit Marcus Antonius konnte sie das Reich nicht halten. Mit Cäsar hatte sie einen Sohn, der Caesarion, kleiner Cäsar genannt wurde. Beide, Kleopatra und Caesarion, sind in Dendera auf der Rückseite des Hathor-Tempels beim Opfergang dargestellt.

Kleopatra und Caesarion

17

Als Augustus, der erste Kaiser Roms, Alexandria einnahm, und ihr zweiter Vertrauter Marcus Antonius getötet wurde, wählte Kleopatra den Freitod – der Legende nach durch den selbst herbeigeführten Biss einer Schlange.

Ihr folgten römische Kaiser als Herrscher der Provinz Ägypten. Maximinus II. war der letzte römische Kaiser, der in der Liste ägyptischer Könige als Pharao aufgeführt wird. Er starb 313 n. Chr.

* * *

Die weiteren bemerkenswerten baulichen Weltwunder entstanden 1000 bis 2000 Jahre nach dem Bau der ersten Pyramiden. Über sie wird noch zu berichten sein. Doch in der Zwischenzeit kam es zu nennenswerten, historischen, die Alte Welt bewegenden Ereignissen, die bis in die Jetztzeit reichen.

Mesopotamien, das Zweistromland zwischen den Flüssen Euphrat und Tigris, und der ganze Nahe Osten waren die großen Kulturlandschaften in Vorderasien, die zusammen mit der Levante, Anatolien und dem Indus-Tal das bedeutsame Entwicklungszentrum des Alten Orients bildeten. Sechs Volksgruppen formten die Geschichte der Menschen und ihr Zusammenleben in Dörfern, Städten, Stadtstaaten und Nationen, wie Sumer, Akkad, Assyrien, Babylonien, Mittani, Medien und die Städte am Indus.

Ackerbau und Tierzucht wurden betrieben, das Handwerk entwickelte sich, das Rad und die Töpferscheibe wurden erfunden und Metalle gegossen. Die ältesten Siedlungsreste von Sumer stammen aus dem 6. Jahrtausend v. Chr. Im 4. Jahrtausend wurde die Stadt Uruk gegründet, die Keilschrift entwickelt und die erste Hochkultur geschaffen. Ein bekannter König war Gilgamesch, dessen Taten im Gilgamesch-Epos überliefert sind, das auch, noch vor der Bibel, von einer großen Sintflut berichtet. Eine zweite Großstadt von Sumer war Ur. Dort wurde für den Mondgott Nanna eine Zikkurat, ein Stufentempel errichtet, die in den 1980-er Jahren restauriert wurde. Und wie in der Genesis 12-25 berichtet wird, wurde der Stammvater des Alten Testaments Abraham in Ur geboren, von wo er seiner Bestimmung nach auszog.

Semiten wanderten etwa 2350 v. Chr. ein und Sargon nannte als Herrscher das Reich Akkad, das er durch die Eroberung von Syrien, Assyrien und Elam vergrößerte. Doch lange konnte sich Akkad nicht halten. Die Herrscher von Ur übernahmen wieder die Macht. Sie befestigten die Stadt durch hohe Wälle und umgaben die Stufenpyramide mit einer schützenden Tempelmauer.

Um 2000 v. Chr. drangen die Amoriter in Sumer und Akkad ein und erhoben Babylon zur Hauptstadt. König Hammurabi eroberte erneut Assyrien, Syrien und Elam und er erließ ein Gesetzbuch für alle Schichten der Gesellschaft, den Codex Hammurabi. Nach einem Zwischenspiel der Hethiter kam Nebukadnezar II. an die Macht. Er unterwarf Ägypten und baute Babylon zu einer Stadt des Glanzes aus. Zeugen der Pracht waren das Ischtartor der inneren Mauer, der Turm zu Babel und die Hängenden Gärten der Semiramis. Nebukadnezar II. eroberte 597 v. Chr. auch Jerusalem, entthronte den König Jojachin und verschleppte ihn und Tausende Israelis in die Gefangenschaft nach Babylon. Das Exil endete mit der Eroberung Babylons durch den Perserkönig Kyros II. 539 v. Chr. und damit auch die Blüte des Reiches.

Um 2000 v. Chr. gründeten die Assyrer die Stadt Assur, die sie wie auch ihr im 18. Jahrhundert v. Chr. gegründetes Reich nach ihrem Reichsgott benannten. Die Herrscher betrieben eine grausame Expansionspolitik. Babylon und Syrien wurden besiegt, und auch Israel. Die Herrscher verlegten ihren Sitz zuerst nach Nimrud und dann nach Niniveh. Das Ende des Reiches der Assyrer besiegelten die Babylonier 609 v. Chr.

Die Meder gründeten um 715 v. Chr. im Grenzgebiet des heutigen Iran und Irak eine Konföderation. Im Bündnis mit Babylonien brachten sie das Reich Assyrien zu Fall und zerstörten die Städte Assur und Niniveh. Die Herrschaft der Meder endete 550 v. Chr., als Kyros II. begann, das Reich der Perser auszubauen, das nach seiner Dynastie auch Achämenidenreich genannt wird, und sich vom Bosporus und Ägypten im Westen bis zum Fluss Indus im Osten erstreckte. Persepolis und Susa mit dem Grab des Daniel gehören noch heute zu den meistbesuchten historischen Stätten.

Das Reich Mittani bleibt noch zu erwähnen. Dort, im nördlichen Zweistromland, herrschten Hurriter, Amoriter und Assyrer vom 15. bis zum Ende des 13. Jahrhunderts v. Chr. Zu seiner Blüte reichte Mittani vom Mittelmeer bis zum nördlichen Tigris bei Assur und Ninive.

* * *

Im Tal des Indus im Osten des Vorderen Orients entwickelte sich eine frühe Zivilisation und bronzezeitliche Hochkultur, die von etwa 2800-1800 v. Chr. Bestand hatte. Zwei größere Städte am Unterlauf sind zu nennen, Harappa und Mohenjo-Daro, die mit schachbrettartigen Straßen und rechteckigen

Häuserblocks ein Quadrat bildeten und mit einem unterirdischen Kanalsystem ausgestattet waren. Kupfer, Bronze und Edelmetalle waren bekannt. Die ausgegrabenen Statuetten und Schmuckstücke sind von hoher Handwerkskunst. Mohenjo-Daro wurde von einer Zitadelle überragt. Religiös orientierte Bauwerke aus alter Zeit wurden nicht ausgegraben, lediglich die Reste eines buddhistischen Stupas, mit der die Zitadelle überbaut wurde.

Ein Priesterfürst blickt auf die Zitadelle von Mohenjo-Daro

In Mohenjo-Daro wurde ein Siegel entdeckt, das eine Person frontal auf einem Thron zeigt. Die Figur hat drei Gesichter, eine zu Hörnern hochgesteckte Haartracht und eine meditierende Sitzhaltung, bei der sich die Fersen berühren. Wurde hier Yoga praktiziert oder soll die Figur den hinduistischen Gott Shiva darstellen? Es gibt auch Schriftzeichen auf dem Siegel, die leider noch nicht gedeutet wurden. Nach und nach fielen arische Stämme aus dem

Norden kommend ein. Um 1200 v. Chr. war die Indus-Kultur endgültig untergegangen. Offen ist die Frage, ob dies ein Akt der Eindringlinge war oder die Folge einer Klimaveränderung, denn Mohenjo-Daro ist inzwischen einer der heißesten Orte der Welt mit Sommertemperaturen über 50 ° Celsius.

* * *

Weit im Westen, im Mittelmeer, liegt die Insel Kreta. Minos war dort einer der Herrscher und Könige. Nach ihm wurde die um 2000 v. Chr. entstandene Minoische Kultur benannt, die Keimzelle der ersten Hochkultur Europas. Die Ruinen zweier Palastanlagen lassen die Pracht dieser Zeit erahnen, jene in Knossos und Phaistos. Die Kunst der Handwerker, Architekten, Töpfer, Bildhauer und Maler war hoch entwickelt. Freskos zeigen religiöse Rituale, wie Akrobaten beim Stierspringen, Könige, Jünglinge, Tänzerinnen, Blumen und Tiere – sie lassen den gelebten Luxus dieser frühen Epoche erkennen. Zwei Schriften fanden Verwendung, von denen die B entziffert werden konnte, die A noch nicht. Um 1400 v. Chr. brach die Herrschaft auf Kreta und mit ihr die minoische Kultur zusammen. Das Warum bleibt ein noch zu lösendes Rätsel der Geschichte.

Etwa 2000 v. Chr. drangen indoeuropäische Volksstämme bis auf die Balkanhalbinsel vor: Achäer, Ionier, Dorer, Illyrer und Thraker. Um 1600 v. Chr. bauten sie in Mykene eine erste Bergfestung. Zwischen 1400 und 1200 v. Chr. fassten sie die kleinen Königreiche zu einem größeren Gebiet zusammen, das wir als Griechenland kennen. Den Höhepunkt ihrer Macht erreichten sie mit der Eroberung Trojas. Gegen 1000 v. Chr. begann die Macht Athens jedoch zu zerfallen. Die Kolonisierung setzte ein. Um 600 v. Chr. umfasste es Hunderte von Kolonien und Handelsniederlassungen von Spanien bis zum Schwarzen Meer. Stadtstaaten entstanden. Athen wurde Demokratie und 490 v. Chr. wurden die Stadt von den einfallenden Persern besiegt.

Der Geist blühte. Wissenschaft und Kunst erlebten Höhepunkte. Zahlreiche Namen blieben bis heute bekannt: die Philosophen Sokrates, Plato und Aristoteles, Pythagoras, Euklid und Archimedes schufen die Grundlagen der Arithmetik und Geometrie, Hippokrates und seine Schüler stellten genaue medizinische Diagnosen an, Herodot schrieb Geschichte nieder und Aischylos, Sophokles und Euripides bewährten sich als dramatische Schriftsteller. Im 4. Jahrhundert bekämpften sich Sparta, Theben und Attika.

Im Norden erstarkte Mazedonien. Alexander setzte die Invasionspläne seines Vaters Philipp fort. Er zog nach Kleinasien und sein Heer schlug zuerst den Perserkönig Darius III., nahm dann Ägypten in seinen Besitz und zog durch Persien, Baktrien und Afghanistan bis nach Gandhara am Indus. Als nach seinem frühen Tod das griechische Reich in drei Teile zerfiel, wurde Ptolemäus zum König von Ägypten ernannt. Alexandria wurde ausgebaut, die berühmte Bibliothek errichtet und auf der Insel Pharos vor dem Hafen das siebte Weltwunder, der legendäre Leuchtturm.

* * *

Das Leben der Völker im alten Mesopotamien und im angrenzenden Orient wurde von einer umfangreichen Götterwelt bestimmt. Die ersten schriftlichen Texte sind von der Religion der Sumerer überliefert, die auch die Kulturen der Akkader, Assyrer und Babylonier beeinflusste. Enlil war der Hauptgott, Nammu das Urmeer, Uras die Erdgöttin und An der Himmelsgott. Utu war der Sonnengott, akkadisch und babylonisch Schamasch genannt, die Göttin Inanna war mit der Venus verbunden und Nanna war der Mondgott, der als Sin der Stadtgott von Ur war. Ihm wurde eine Zikkurat in Ur gebaut, ein gestufter Tempelturm, der unter Saddam Hussein, dem damaligen Präsidenten des Irak, größtenteils restauriert wurde.

Zikkurat des Nanna in Ur

22

Bei den Babyloniern war Marduk der Reichsgott, der mit einem mythischen Drachen dargestellt wird. Ischtar wurde als Göttin des Begehrens wie auch als Kriegsgöttin verehrt. Babylon war von einer Mauer umgeben. Das Ischtar Tor öffnete den Zugang zur Prozessionsstraße der Stadt, an deren anderen Ende der Turmbau zu Babel stand. Ausgegrabene Reste des Tores befinden sich zusammengesetzt im Pergamonmuseum in Berlin.

Ischtar Tor in Babylon

Der Turmbau gibt bis heute Rätsel auf. Die Menschen fanden eine Ebene im Land Schinar im Zweistromland und sagten laut Gen 11, 4: „Bauen wir uns eine Stadt und einen Turm mit einer Spitze bis zum Himmel." War die Zikkurat von Etemenanki, dem Reichsgott Marduk in Babylon gewidmet, das Vorbild für den Turmbau? Auf einer Tontafel aus Uruk und einer Stele von Nebukadnezar II. wird der große Stufentempel beschrieben. Er hatte sieben Terrassen, auf deren oberster ein Tempel stand, bei einer für damalige Bauverhältnisse gewaltigen Höhe von 91 m. Im 7. Jh. v. Chr. zerstörte Sanherib, der König von Assyrien mit seinen Soldaten den Tempelkomplex und darin das Etemenanki, von dem nur noch die Grundmauern vorhanden sind. Der

Herr zürnte ob des himmelstrebenden Bauwerks und „zerstreute die Menschen von dort über die ganze Erde. Man nannte die Stadt Babel, Wirrsal, denn dort hat der Herr die Sprache aller Welt verwirrt, und von dort aus hat er die Menschen über die ganze Erde zerstreut", so Gen 11, 8-9.

Turm zu Babel oder Zikkurat Etemenanki

Griechische, lateinische und arabische antike Schriften berichten von den „Hängenden Gärten Babylons" und den „Hängenden Gärten der Semiramis", die als eines der sieben Weltwunder eingeordnet wurden. Doch Reste einer solchen Anlage konnten weder von den Archäologen bisher ausgegraben noch von den Forschern in den überlieferten Texten im Detail nachgewiesen werden. Nach der überwiegenden Meinung der einen grünten die Gärten in Babylon, nach der Meinung anderer jedoch in Ninive. War Semiramis eine geschichtlich real existierende Person oder nur eine Gestalt der orientalischen Mythologie? Schön soll sie gewesen sein, außerordentlich schön und sexuell anspruchsvoll. Wie auch immer. Semiramis hat es geschafft, mit den Gärten von Babylon in die Weltgeschichte einzugehen und ein ungelöstes Rätsel zu hinterlassen.

Gärten der Semiramis in Babylon

* * *

Das nach ihrem König Minos benannte Volk der Minoer hinterließ auf Kreta prunkvolle Bauwerke, deren Entstehung auf etwa 2000 vor unserer Zeit und deren Blüte auf etwa 1600 v. Chr. datiert werden.

Homer beschreibt in seinem Epos ‚Odyssee‘ diese Insel mit treffenden Worten: „Kreta ist ein Land im dunkelwogenden Meere, fruchtbar und anmutsvoll. Es wohnen dort Völker von mancherlei Stämmen. Ihrer Könige Stadt ist Knossos, wo Minos herrschte.“

Staunend bewundern die Besucher den in Teilen restaurierten, zum Teil mehrstöckigen Palast. Die prächtig ausgestaltete Anlage gibt Zeugnis vom großen Reichtum ihrer Erbauer und die kräftigen Farben der Wandmalereien im Inneren lassen Lebensfreude erkennen.

Karminrot leuchten die wuchtigen Säulen der Herrschaftsräume, die schwarze Kapitelle tragen – eine in den Palästen der damaligen Welt einmalige Komposition. Kunstvoll verzierte Schmuckbänder umrahmen Wände und Friese, ausgestattet mit geometrischen Mustern, Rosetten und Spiralen. Fresken lassen auf die feine Lebensweise der Minoer schließen, wenn Diener geschlachtete Tiere, Krüge mit Wein und Schalen mit Oliven herbeitragen, während andere durch ein Feld mit im Wind wehendem Papyrus schreiten.

Eingang in den Palast

Mutige Männer und junge Frauen kämpfen mit Stieren und springen artistisch darüber hinweg, ohne erkennen zu geben, ob es sich dabei um einen religiösen Kult oder nur ein Spiel handelt.

Was erzählen dem Betrachter die von Fischschwärmen umgebenen, springenden Delphine und die Greifen genannten Fabelwesen mit dem Kopf und den Flügeln eines Raubvogels und dem Körper eines Löwen?

Ein Musikant bläst eine Doppelflöte. Neun barbusige Frauen in kostbaren Gewändern unterhalten sich sitzend angeregt auf einem der Fresken. Waren es Damen des Hofes oder Gespielinnen? Den anmutigen Tänzerinnen mit ihren entblößten Brüsten kann der Betrachter schon eher gedanklich folgen, wenngleich es jedermanns Phantasie überlassen bleibt, sich die zarten Melodien vorzustellen, in deren Rhythmus sie sich bewegen.

Tänzerin und Delphine

* * *

„Der Herr war auf den Sinai, auf den Gipfel des Berges, herabgestiegen. Er hatte Moses zu sich auf den Gipfel des Berges gerufen." So steht es in Ex

19,20, Ex 20,1-17 und Dtn 5,6-21 geschrieben. Und weiter: „Dann sprach Gott zu Moses die Zehn Gebote."

Auf Anregung Helenas, der Mutter Konstantins des Großen, wurde im Hochtal des Sinai am Fuß des Berges Gabal Musa beim biblischen „brennenden Dornbusch" etwa um 330 eine Marienkapelle errichtet. Sie ist jetzt Krypta der darüber gebauten Basilika des Katharinenklosters, das zweihundert Jahre später gegründet wurde und das älteste Kloster der Christen ist. Die heilige Stätte wird auch von den Juden und Muslimen verehrt, wovon eine kleine Moschee und ein Minarett künden. Ein Mohammed zugeschriebener Schutzbrief hat das Kloster bis heute vor Zerstörungen bewahrt.

Katharinenkloster und Berg Moses

Der nächtliche, 700 m hohe Aufstieg auf den Berg Moses über fast 4.000 in den Fels geschlagene Treppenstufen auf 2.285 m Höhe ist zermürbend, der vom zarten Choral der Christen begleitete Sonnenaufgang auf dem „Berg der zehn Gebote" aufwühlend und freudeerregend zugleich.

Nachdenklich stimmen die im Deuteronomium 7,1-2 folgenden Passagen: „Wenn der Herr, dein Gott, dich in das Land geführt hat, in das du jetzt hineinziehst, um es in Besitz zu nehmen, wenn er dir viele Völker aus dem Weg räumt – Hethiter, Girgaschiter, Amoriter, Kanaaniter, Perisiter, Hiwiter und Jebusiter – sie dir ausliefert und du sie schlägst, dann sollst du sie der Vernichtung weihen." Diese Stelle der Schrift nahmen die Israelis ehemals als Rechtfertigung zur Unterwerfung der Volksgruppen in Kanaan und heute zur Unterdrückung der Palästinenser und der Besiedelung des Westjordanlandes.

Der Exodus, der Auszug Moses und der Israeliten aus Ägypten, vollzog sich etwa im 13. bis 12. Jahrhundert v. Chr. Pharao war zu dieser Zeit, nach nicht unumstrittener Meinung der Forscher, Ramses II. Demnach war Moses eine herausragende Persönlichkeit der Bibel. Er befreite die Israeliten von der Sklaverei der Ägypter, führte das Volk in das verheißene Land und empfing in den Bergen Sinais die Offenbarung Gottes mit den Zehn Geboten. Moses war Prophet und Vermittler des göttlichen Gesetzes zugleich.

Als Nachfolger Moses führte Josua die Israeliten in das Gelobte Land, wo es zur Landnahme Kanaans etwa 1250 v. Chr. kam. Um 1000 v. Chr. schlossen sich die Stämme Israels zum Schutz gegen die kriegerischen Nachbarstaaten zu einem Reich zusammen. Erster König wurde Saul. Seine Nachfolger waren David und dessen Sohn Salomon.

Nach der Bibel, Kön 10,1-13 und Chr 9,1-12, soll die Königin von Saba im 10. Jahrhundert v. Chr. eine Reise zum Hof König Salomons unternommen haben. In den Schriften des antiken Sabas findet dieses Ereignis jedoch keine Erwähnung, wohl aber in den Legenden des alten Äthiopiens und in den Erzählungen des Schriftstellers Flavius Josephus, der sie als Königin von Äthiopien bezeichnete. Als Geschenk brachte sie Salomon Gewürze, Edelsteine und pures Gold mit. Sie soll schön, faszinierend und von großer sexueller Ausstrahlung gewesen sein. Wie die äthiopischen Quellen zum Ausdruck bringen, soll sie mit Salomon Menelik gezeugt haben, den Stammvater der äthiopischen Könige. Das Treffen Makedas, so ihr Name, mit Salomon bleibt jedoch historisch gesehen ein weiteres Rätsel der Geschichte.

* * *

Vor 40.000 Jahren entstanden die ältesten Kunstwerke der Menschheit im Jungpaläolithikum im Lonetal und Achtal auf der Schwäbischen Alb. Figuren von Bären und Löwen, ein Löwenmensch und Flöten wurden ausgegraben, ebenso Köpfe von Frauen und Pferden sowie Schmuckstücke, ferner Pferde, Mammuts, Vögel und Frauenfigurinen. Fundplätze waren neben dem oberen Gebiet der Donau die Wachau in Niederösterreich, Lichtenfels, Pottenstein und Pommelsbrunn in Franken und Neuwied in Rheinland-Pfalz.

Eine nennenswerte antike architektonische Hinterlassenschaft wurde in Franken in der Nähe von Kronach entdeckt, die Heunischenburg. Sie ist die älteste aus Stein errichtete Festungsanlage nördlich der Alpen, die bisher auch archäologisch untersucht und restauriert wurde. Sie hatte ihren Höhepunkt im 9. Jahrhundert v. Chr.

Heunischenburg bei Kronach

Mit einer 2,60 m starken und 3,50 m hohen Mauer aus grob behauenem Sandstein wurde eine Bastion umschlossen, zu der ein großes Herrenhaus und Mannschaftsräume sowie Stallungen gehörten. Ihr ursprünglicher Zweck war der Schutz einer Handelsstraße, auf der Zinn und Kupfer aus dem nahen Fichtelgebirge nach Westen an den Main und Rhein zum Verkauf und zur Weiterverarbeitung transportiert wurden. Infolge mehrerer militärischer Angriffe ging die Festung Ende des 9. Anfang des 8. Jahrhundert unter.

Die europäischen Länder nördlich der Alpen sind bekannt für ihre Burgen, Schlösser und mit schützenden Gräben und Mauern umgebenen Stadtanlagen, die von den Touristen gern besucht werden. Warum es keine weiteren, nennenswerten Bauten dieser Art oder wenigstens Ruinen aus der Zeit vor Christus gibt, das bleibt, wie anderes auch, eine der offenen Fragen.

* * *

Die Assyrer waren ein machtbewusstes und umtriebiges Volk. Sie unterwarfen ihre Nachbarstaaten bis hinunter nach Ägypten, herrschten von etwa 1800 bis 600 v. Chr. und errichteten im 9. Jahrhundert das erste Großreich der Weltgeschichte. Sein Herz schlug am Tigris in Assur.

Ihre Macht drückten sie in prunkvollen Großbauten aus, von denen in Assur nur noch die Fundamente ausgegraben werden konnten. Einst standen in der Altstadt ein Stadttempel, eine Zikkurat, ein alter Palast, die drei Tempel von Sin, Anu und Ischtar, sowie ein neuer Palast.

Khorsabad – Wächterfigur

31

Im 9. Jh. v. Chr. verlegten die Assyrer ihren Sitz nach Nimrud, im 8. Jh. nach Khorsabad (früher Dur Sarrukin) und im 7. Jh. nach Ninive. In Nimrud und Khorsabad fanden die Archäologen geflügelte Stiere mit Männerköpfen als Torwächter oder Wandverzierungen. Nur in Ninive blieb ein beeindruckendes Objekt erhalten – ein Teil der Stadtmauer mit dem nach Norden ausgerichteten und dem Wettergott Adad geweihten Tor.

Adad-Tor in Ninive

* * *

Die fünf weiteren antiken Weltwunder entstanden zwischen dem 6. und 3. Jahrhundert v. Chr.

Artemis war die griechische Göttin der Jagd, der Geburt des Mondes und die Hüterin der Frauen und Kinder. Ihr entsprach Diana in der römischen Mythologie.

Der ihr geweihte größte Tempel der Antike stand in Ephesus im heutigen Anatolien. Insgesamt waren es fünf Tempel, die immer an gleicher Stelle errichtet, zerstört und wieder errichtet wurden. Von dem letzten Bau, der 268 n. Chr. von den Goten verwüstet wurde, blieben nur spärliche Reste erhalten. Eine ausgegrabene Säule und eine Basis mit einer Trommel erinnern an der Ruinenstätte dieses Weltwunders an die Verehrung der Artemis. Im Hintergrund sind die Isabey-Moschee, die Johanneskirche und die Zitadelle der Nachbarstadt Selcuk stille Zeugen der Gegenwart. Ein nachempfundener Bau des Artemis-Tempels steht im Miniatürk Freizeitpark in Istanbul. Wirklichkeitsnäher sind die antiken Münzen aus Silber und Gold mit dem Porträt der Artemis, die im 3. und 2. Jahrhundert v. Chr. geprägt wurden.

Artemis nach einer Münze

* * *

Maussolos II. regierte als Statthalter der persischen Provinz Karien im Süd-Westen der heutigen Türkei und verlegte seinen Sitz nach Halikarnassos, das jetzt Bodrum genannt wird. Er stammte aus der Dynastie der Hekatomniden, die von 392-323 v. Chr. sechs Herrscher stellten.

Maussolos förderte die Kultur der Griechen, insbesondere die freundschaftliche Zusammenarbeit mit deren Geschichtsschreibern, Baumeistern und Künstlern. Unter seiner Regie entstanden der Tempel des Zeus in Labraundos und das Artemisheiligtum bei Latmos.

Er starb 353 v. Chr. Noch vor seinem Tod gab er sein Grabmal in Auftrag, das als Mausoleum von Halikarnassos bekannt wurde und wegen seiner Monumentalität und Ästhetik und prachtvollen Ausschmückung in die Liste der Sieben Weltwunder einging.

Artemisia war die Schwester und zugleich Gemahlin des Verstorbenen. Sie übernahm die Regierungsgeschäfte und ließ das Grabmal vollenden. Der Schmerz über den Verlust ihres geliebten Mannes war jedoch so groß, dass sie der Legende nach seine Asche mit Wein und Wasser vermischt zu sich nahm, um ihm ein lebendes Grab zu sein.

Die Trauer zehrte. Siechtum stellte sich ein. Artemisia starb bereits zwei Jahre nach Maussolos. Die Nachfolge traten ihre ebenfalls miteinander verheirateten Geschwister Idrieus und Ada an.

Mausoleum von Halikarnassos
Nach einem Gemälde von Ferdinand Knab

Die Inzestehe hatte im antiken Perserreich eine hohe kultische Stellung. In der Avesta, der Bibel des Zoroastrismus, vollzieht der Himmelsgott und Gott der Fruchtbarkeit Ahura Mazda die Inzestehe auf dem Altar und macht sie zu einer göttlichen Einrichtung. Mit ihr sollte der persische Adel sozial abgeschottet werden, so die Auslegung.

* * *

Wenn sich ein kleiner Satrap genannter Regionalfürst erlauben konnte, für sich ein monumentales Grabmal am Rande des Perserreiches zu schaffen, dann ist es kein Wunder, wenn die Griechen ihrem höchsten Gott Zeus in Olympia einen Tempel errichteten, in dem eine von dem Bildhauer Phidias in den 430er Jahren v. Chr. gestaltete Zeus-Statue thronte, die zu den Sieben Weltwundern gezählt wird.

Zeus-Statue nach Quatremère de Quincy

Die Figur war etwa 12 m groß, aus Gold und Elfenbein gefertigt und auf einem Thron aus Ebenholz sitzend. In der rechten Hand hielt Zeus eine geflügelte Nike, eine Siegesgöttin, in der linken Hand eine aufgestützte Lanze mit einem Vogel auf der Spitze. Mit einem Heben seiner Augenbrauen regierte Zeus die Erde. Sein buschiges Haar war lang und gelockt. Darauf trug er einen Olivenkranz.

Der Tempel hatte eine Breite von 28 und eine Länge von 64 m. Die Halle war mit 6 x 13 Säulen umgeben, die eine Höhe von 10,50 m hatten.

Die Kultstatue des Zeus saß im heiligen Innenraum, der Cella. Repliken des Tempels und der Statue wurden nicht aufgefunden, wohl aber Abbildungen des Zeus auf diversen römischen Münzen.

Der Zeus-Tempel von Olympia war zur Zeit seiner Einweihung der größte Tempel des griechischen Mutterlandes. Am fünften Tag der Olympischen Spiele zogen alle Athleten und Zuschauer zu diesem Tempel, um auf dem außerhalb gelegenen Brandaltar dem Gott der Götter Rinder zu opfern und zu verspeisen und damit ein religiöses Ritual zu vollziehen.

Ein erstes Erbeben hat dem Tempel 374 v. Chr. stark zugesetzt. Reparaturen wurden vorgenommen. Zwei weitere und noch stärkere Erdbeben besiegelten in den Jahren 522 und 551 unserer Zeit das Schicksal des Tempels und der Statue endgültig. Über den Untergang der Zeus-Statue oder ihren Verbleib ist von den Geschichtsschreibern nichts Greifbares überliefert worden. Teile des Tempels und seiner Verzierungen wurden ausgegraben, jedoch keine Teile der Statue des Zeus.

Zahlreiche Mythen berichten von den Taten des Zeus. Eine davon sagt aus, dass sich Zeus in Europa verliebte, die Tochter des phönizischen Königs. Er verwandelte sich in einen Stier und entführte Europa auf seinem Rücken durch das Meer schwimmend auf die Insel Kreta. Dort verwandelte er sich zurück und zeugte mit Europa drei männliche Kinder. Eines war Minos, der König von Kreta und Namensgeber für die minoische Kultur wurde.

Nach der griechischen Mythologie wurde die große nördlich und westlich von Griechenland liegende Landmasse nach der phönizischen Königstochter Europa genannt. Eine durchaus glaubhafte Legende. Fest steht jedoch, dass der griechische Geschichtsschreiber und Geograph Herodot nachweisbar erstmals den Terminus Europa für die Landmassen nördlich des Mittelmeers und des Schwarzen Meers verwandte.

* * *

Wer den Hafen von Rhodos mit dem Schiff ansteuert, sieht an der Einfahrt zwei Säulen, die zur Zeit der italienischen Besatzung 1912 errichtet wurden. Ursprünglich standen darauf Elafos, ein Hirsch, und Elafina, eine Hirschkuh. Auf der Säule der Elafina säugt jetzt eine Kapitolinische Wölfin Romulus und Remus, die legendären Gründer Roms. Das neue Wahrzeichen von Rhodos soll dort stehen, wo ehemals der antike Koloss von Rhodos gestanden haben soll. Er wurde 292 v. Chr. vollendet, war aus Bronze gegossen, etwa 30 bis 35 m hoch, stellte den Sonnengott Helios dar und galt bereits in der Antike als Meisterleistung und als eines der sieben Weltwunder, wie Antipatros von Sidon berichtete. Doch sein Leben war kurz. Ein gewaltiges Erdbeben brachte die Staue 226 v. Chr. zum Einsturz.

Koloss von Rhodos nach Maarten van Heemskerck

Wo hat der Koloss wirklich gestanden? Wo sind seine Reste geblieben? Stand er über der Einfahrt in den Hafen mit gespreizten Beinen? Möglich schon, doch dann hätten größere Segelschiffe im Hafen nicht anlanden können, da ihre Masten während der Fahrt nicht zu legen waren.

Einer Legende nach haben die Araber nach der Eroberung von Rhodos im Jahr 654 unserer Zeit die Bronzeteile des gestürzten Kolosses an einen Händler aus Edessa, dem heutigen Sanliurfa im Osten der Türkei, verkauft. Die Fracht wurde auf ein Schiff verladen und auf das Festland gebracht. Von dort sollen die Bronzeteile mit 900 Kamelen nach Edessa transportiert worden sein. Eine durchaus denkbare Aktion. Doch wo standen so viele Kamele bereit, die eine Karawane von 3 bis 4 km gebildet hätten? Und lagen alle Teile des gestürzten Kolosses auf der Mole des Hafens? Einige könnten durchaus ins Meer gefallen sein, das in der Neuzeit mehrfach durch Taucher abgesucht wurde, jedoch ohne Ergebnis.

Helios war der Stadtgott von Rhodos. Wäre es nicht sinnvoll gewesen, die Statue im oder beim Helios-Heiligtum auszustellen? Doch wo stand dieses? Alle archäologischen Grabungsversuche blieben bisher ohne Ergebnis.

Wurden die zerstörten Reste des Heiligtums überbaut, z. B. mit dem Großmeisterpalast, und damit alle Nachforschungen zunichte gemacht?

Den Koloss von Rhodos hat es tatsächlich gegeben. Hinsichtlich seines Standorts, Aussehens und des Verbleibs seiner Reste herrscht bis heute absolute Unklarheit.

* * *

Alexander der Große aus Mazedonien war bestrebt, fremde Völker zu unterwerfen und ein Großreich zu errichten, was ihm gelang. Im Jahr 333 v. Chr. hatte er den persischen König Dareios II. bei Issos besiegt. Von dort zog er weiter nach Süden, wo der persische Satrap Mazakes die Herrschaft über Ägypten bei Memphis an Alexander 332. v. Chr. nahezu kampflos übergab.

Im Jahr 331 v. Chr. beschloss Alexander die Gründung einer Hafenstadt am linken Arm des Nils, die er eigenhändig skizzierte. Ab 305 v. Chr. regierte Ptolemaios I. als griechischer Satrap und Pharao zugleich in Ägypten. Er gab die berühmte Bibliothek von Alexandria und den Bau des Leuchtturms in Auftrag. Beide Projekte und weitere wurden unter seinem Sohn und Nachfolger Ptolemaios II. vollendet, der ab 282 v. Chr. der Alleinherrscher in Ägypten war.

Der Leuchtturm stand auf einer großen Plattform mit 190 m Seitenlänge. Der untere Bauabschnitt des eigentlichen Turms hatte bei einer Basis von 30 m eine Höhe von etwa 60 m. Auf diesem Unterbau wurde ein oktogonaler zweiter Bauabschnitt von 30 m gesetzt, der den Aufbau für das Leuchtfeuer trug, der eine Höhe von 9 m hatte. Darauf stand eine 7 m große Statue, von der die einen sagen, es war Poseidon, die anderen aber behaupten, sie stellte Zeus dar. Das Leuchtfeuer selbst wurde am Tag mit einem Hohlspiegel, der das Sonnenlicht einfing, über das offene Meer geschickt, in der Nacht mittels eines Öl-Feuers.

Leuchtturm von Alexandria nach Hermann Thiersch

Der Leuchtturm stand auf der kleinen Insel Pharos. Mehrere Erdbeben im 4. Jahrhundert setzten ihm zu; die Beben im 14. Jahrhundert gaben ihm den Rest. Im Jahr 1480 ließ der in Ägypten herrschende Sultan der Mameluken, Kait-Bay, die im Meer versunkenen Trümmer bergen und in der nach ihm benannten Kait-Bay-Festung auf dem Fundament des ehemaligen Leuchtturms verbauen. So ist ein antikes Weltwunder zwar verschwunden, doch Teile seines Baumaterials leben heute noch in der monumentalen Festung vor der Stadt Alexandria fort.

* * *

Im Jahr 2007 wurden nach einer nicht unumstrittenen Wahl in Lissabon „Die neuen sieben Weltwunder" bekanntgegeben. Zu ihnen gehören:

Die Felsenstadt Petra in Jordanien
Die Inka-Stadt Machu Picchu in Peru
Die Maya-Ruinen von Chichén Itzá in Mexico
Die Chinesische Mauer in China
Die Statue Cristo Retendor in Rio de Janeiro
Das Kolosseum in Rom
Das Taj Mahal in Indien

Wenngleich es den Wahlbedingungen am Fehlen wissenschaftlicher Kriterien mangelte, wie die Vertreter der Vereinten Nationen meinten, kann das Ergebnis der Umfrage als beachtenswert bezeichnet werden. Wäre nicht nur nach weiteren sieben, sondern nach zehn neueren Weltwundern gefragt worden, dann wären möglicherweise auch folgende historisch markante Bauwerke in der Liste gewesen:

Der zweite Tempel von Jerusalem
Die von Marco Polo beschriebene Stadt Shangdu der Mongolen
Die Kulturen in Mittel- und Südamerika

* * *

Ein großes Rätsel der Geschichte windet sich um die israelitische Bundeslade, die aus dem ersten Tempel Jerusalems geraubt wurde und sich in der Kapelle neben der Kirche Maryam Sion in Aksum im Norden Äthiopiens befinden soll. Nach der Bibel 1 Kön 10,1-13 und 2 Chr 9,1-12 reiste die Königin von Saba nach Jerusalem zu König Salomon. Nach der jüdischen Quelle Antiquitates Judaicea 2.249, von Flavius Josephus 94 n. Chr. verfasst, wird sie als Königin des Südens und als Königin Äthiopiens bezeichnet. Im äthiopischen Kebra Nagast, dem Bericht vom Ruhm der Könige, wird dargestellt, wie die Königin von Saba namens Makeda mit König Salomon zusammentraf, mit ihm Menelik zeugte und dieser als Erwachsener mit einem Gefolge und der Bundeslade nach Äthiopien reiste. Im Hochland von Abessinien gründete er 975 v. Chr. das Kaiserreich Abessinien, das sich bis 1974 hielt.

In Ex 25,10-22 ist zu lesen: „Macht mir eine Lade aus Akazienholz... Überzieht sie innen und außen mit purem Gold... In die Lade sollst du die Bundeslade legen, die ich dir Gebe." Damit waren die zwei Steintafeln mit den Zehn Geboten gemeint, die Moses von Gott erhielt und damit wurde die Bundeslade bis heute zum Symbol für den Bund Gottes mit dem Volk Israel.

Kapelle der Kirche Maryam Sion

Für einige Wissenschaftler ist strittig, ob Moses eine historische oder nur eine legendäre Gestalt war. Weiter ist nicht bewiesen, dass Moses, wenn es ihn gab, die Gebote auch in Form von beschrifteten Tafeln ausgehändigt bekam und diese auch lesen konnte. Und schließlich ist nicht glaubhaft bezeugt, dass sich die Tafeln mit den Zehn Geboten in der Tat in der Kapelle in Aksum befinden. Sie sollen seit nunmehr 2975 Jahren in Äthiopien und dort seit Jahrzehnten in der Kapelle aufbewahrt werden. Dem widerspricht Jeremia in Jer 3,16, wo er ausführt: „In jenen Tagen, wenn ihr euch im Land vermehrt und

41

fruchtbar seid, wird man nicht mehr rufen: Die Bundeslade des Herrn! Sie wird niemand in den Sinn kommen; man denkt nicht mehr an sie, vermisst sie nicht und stellt auch keine neue her." Trotzdem bewacht ein äthiopischer Mönch als Wächter bis an sein Lebensende Tag und Nacht die Bundeslade in der Kapelle, die außer ihm keiner sehen darf. Vor seinem Ableben ernennt er einen Nachfolger.

* * *

Nach der Rückkehr aus dem Exil bauten die Israeliten 515 v. Chr. ihren zweiten großen Tempel in Jerusalem. Dieser war nach seiner durch Herodes 21 v. Chr. begonnenen Erneuerung und Erweiterung die größte religiöse Stätte der antiken Welt in der damaligen Zeit. Die Umfassungsmauer – 487 m im Westen, 315 m im Norden, 466 m im Osten, 279 m im Süden – umschloss ein Areal von 141.280 qm. Trotzdem wurde dieses markante Gebäude nicht in die Liste der antiken Weltwunder aufgenommen.

Tempel von Jerusalem nach Erweiterung durch Herodes

Der eigentliche Tempel stand etwa in der Mitte, mit dem Allerheiligsten an die Westwand angrenzend. Davor befand sich der Altar für Brandopfer, etwa 4 m erhöht. Für jüdische Männer war ein abgesperrter Bereich vorbereitet, um der Opferzeremonie beiwohnen zu können. Für die Frauen schloss sich weiter östlich ohne Blick auf den Brandaltar ein Vorhof an, der auch der Versammlung jüdischer Pilger und Pilgerinnen diente.

Über die gesamte Länge der Süd-Mauer war eine Basilika hochgezogen. Diese war die königliche Säulenhalle im griechischen Stil, in der Versammlungen, Debatten und Gerichtsverhandlungen abgehalten wurden. Rund um den eigentlichen Tempel befand sich ein großer Platz, den auch Nicht-Juden betreten durften. Soweit die Umfassungsmauern nicht bebaut waren, waren sie mit Säulengängen ausgestattet. Von diesen existiert heute nur noch ein Teil oberhalb der Klagemauer auf der Westseite.

Zur Verteidigung des heiligen Ortes hatten die Israeli an der Nord-West-Ecke der großen Mauer die Antonia-Burg errichtet. Trotz dieser Bastion gelang es den Römern mit ihren Truppen, im Jahr 70 n. Chr. die Burg und den Tempelkomplex zu stürmen, in Brand zu setzen und niederzureißen.

Ein sehr anschauliches Modell des Tempels von Jerusalem im Maßstab 1:50 befindet sich im Israel-Museum der Stadt. Die orthodoxen Juden streben danach, diesen Tempel wieder aufzubauen, was kaum möglich sein wird, da sich über dem historischen Platz der Felsendom der Muslime befindet, das dritte Heiligtum nach den Moscheen in Mekka und Medina. Die Mehrzahl der modernen Juden ist jedoch damit zufrieden, den Tempelberg besuchen und dort ein Gebet sprechen zu dürfen.

* * *

Die Nabatäer waren ein Zusammenschluss nordwestarabischer Nomadenstämme. Ihre Hauptstadt war Petra. Sie liegt östlich der Arava-Senke, die sich vom Toten Meer bis zum Golf von Akaba und dem Roten Meer erstreckt, und war Kreuzungspunkt der Karawanenwege, die Ägypten mit Syrien verbanden und den Jemen als auch Arabien mit Damaskus im Norden und Gaza am Mittelmeer im Westen.

Die Nabatäer pflegten den Handel, ernannten Könige und hatten ihre Blütezeit von 150 v. Chr. bis 105 n. Chr., als sie unter dem Römer Trajan ihre Unabhängigkeit verloren und als Römische Provinz Arabia Petraea in das Großreich der Römer eingegliedert wurden.

In Petra und den umliegenden engen Tälern schufen die Nabatäer zahlreiche architektonische Bauwerke mit besonderer Ausstrahlung.

Felsentempel Ad Deir

Zuerst zeigten die Tempel und Felsengräber Einflüsse der Kunst der Parther. Dann übernahmen sie griechisch-römische Elemente in ihre Architektur. Ursprünglich wurden die Kapitelle der Säulen mit vorgezogenen Hörnern an den vier Ecken ausgestattet. Doch dann gestalteten sie ihre Säulen im dorischen, ionischen und korinthischen Stil. Dorische Säulen hatten 20 Kanneluren und ein rundes, wulstiges Kapitell, ionische 20 bis 24 Kanneluren und ein Kapitell mit zu Schnecken gerollten Voluten und korinthische 24 Kanneluren und Kapitelle mit Akanthusblättern.

Die Touristen übernachten im östlich vorgelagerten Städtchen Wadi Musa. Von dort sind es etwa 2 km durch eine schmale, bis zu 75 m tiefe Felsschlucht bis zum Khazne al-Firaun und weitere 2 km bis zum Ende von Petra, was einen Fußmarsch von etwa 1 Stunde bedeutet.

Das Khazne al-Firaun, Schatzhaus genannt, war ein fürstliches Felsengrab, das ganz in die Bergwand geschlagen wurde. Es folgt das Tomb of Unayshu, dann das Theater. Von hier führt der Al-Khubtha Trail zur Königswand, dem Corinthian Tomb und dem Palastgrab. Wieder zurück folgen das Nymphaeum, der Great Temple, der Winged Lion Temple, der große Qasr al-Bint Firaun, das Columbarium und am Ende einer langen weiteren Schlucht der monumentale Felsentempel Ad Deir, vermutlich ein Grabmal. Einen abschließenden und anschaulichen Überblick gibt das Museum von Petra.

* * *

Mit dem Bau der „Zehntausende Li langen Mauer", die wir als Chinesische Mauer bezeichnen, wurde bereits im 7. Jahrhundert v. Chr. begonnen. Die letzten Abschnitte sind von der Ming-Dynastie im Jahr 1644 eingefügt worden. Sie ist das einzige Bauwerk der Menschheit, das von der Internationalen Raumstation aus gesehen werden kann, die in einer Höhe von 408 km die Erde mit einer Geschwindigkeit von 27.576 km/h umkreist. Wer aus Europa kommend im Direktflug über Russland und die Wüste Gobi den Flughafen von Peking anfliegt, wird bei guter Sicht auch staunen, wenn er einen Teil dieser Mauer aus einer Flughöhe von etwa 9.000 m gewahr wird. Sie ist ein gewaltiger Schutzwall, der zuerst die nomadischen Reitervölker aus dem Norden und dann die Mongolen abhalten und die chinesische Bevölkerung und ihre Handelsstädte vor Überfällen bewahren sollte. Alle über die Jahrhunderte erbauten Abschnitte zusammen ergeben eine Länge von rund 21.000 km, von denen aber nur noch Teile erhalten sind. Nordwestlich von Peking befindet sich bei Badaling ein voll restaurierter, aber stark besuchter Mauerabschnitt, ein weiterer, nur moderat besuchter nordöstlich bei Mutiany.

 Trotz dieses monumentalen Bollwerks, das häufig ergänzt oder verändert und der jeweiligen Situation angepasst wurde, konnte der Einfall der Mongolen nicht verhindert werden. Temüdchin, dem Sohn des Clanchefs, gelang es, die Stämme der Mongolen zu einen. Unter dem Titel Dchingis Khan, Herrscher der edlen Reiter, bauten er und seine Nachfolger ein Weltreich auf, das sich vom Pazifik im Osten bis an das Kaspische Meer im Westen und eines Tages bis an die Grenzen Europas erstreckte.

Chinesische Mauer bei Badaling

Im Jahr 1271 wurde sein Enkel Kublai Khan Kaiser von China. Er begründete die Yuan-Dynastie und regierte anfangs von seinem Palast in Shangdu, das auch als Clemeinfu bekannt ist. Marco Polo berichtete darüber. Dieser wurde 1254 in Venedig geboren, wo er 1324 auch starb. Sein Vater Niccolò und sein Onkel Maffeo, beides Händler, brachen 1260 zu einer Reise in den Osten auf. 1266 trafen sie beim Großkhan in Khanbalik ein, dem heutigen Peking.

Der Khan bestellte Grüße an den Papst und erbat heiliges Öl aus Jerusalem. So brachen Niccolò und Maffeo 1271 erneut nach Osten auf und nahmen diesmal den jungen Marco mit. Die Route ging über Jerusalem zur Aufnahme des gesalbten Öls und dauerte vier Jahre, bis die Reisegruppe 1275 endlich in Shangdu ankam und in der Sommerresidenz mit dem Herrscher Kublai Khan zusammentraf. Zu dieser Zeit erstreckte sich das Reich der Mongolen vom Pazifik über China bis zum Kaspischen Meer – das größte Herrschaftsgebiet der Welt, das jemals bestand. Der junge Marco Polo imponierte auf Grund seiner Sprachkenntnisse und Vertrautheit mit den Sitten und Gebräuchen der Tartaren dem Großkhan, der ihn zu seinen Präfekten ernannte und mit unterschiedlichen Aufgaben quer durch ganz China sandte, wo er Chang'an, heute Xi'an genannt, Kunming, Yangzhou und Hangzhou, seine Lieblingsstadt und andere bereiste.

Nach siebzehn Jahren beim Großkhan nahm Marco Polo 1291 Abschied von diesem und reiste zurück in seine Heimat. In Quanzhou bestieg er ein Schiff, machte Zwischenstation in Sumatra, Sri Lanka und Hormus und erreichte 1294 endlich Venedig. Dort betätigte er sich als Händler, heiratete und gründete eine Familie mit drei Kindern.

Als der seit Jahren schwelende Zwist zwischen Venedig und Genua kulminierte, wurde ihm das Kommando für ein Kriegsschiff übergeben, ohne erfolgreich siegen zu können. Marco Polo geriet in Gefangenschaft und wurde in ein Gefängnis in Genua gebracht. Dort lernte er den Mitgefangenen Autor Rustichello da Pisa kennen, dem er die Erlebnisse seiner Reise nach und in China erzählte, damit dieser sie aufschreiben konnte, was Rustichello auch tat. So blieb der Nachwelt in dem Buch „Die Wunder der Welt – Il Milione" erhalten, was Marco Polo mit eigenen Augen gesehen hatte.

Mit besonderer Begeisterung berichtet Marco Polo von Shangdu und dem Kaiserpalast. „Diese Stadt hat Kublai Khan, der heute regierende Großkhan bauen lasse. Hier errichtete er einen Prachtbau aus Marmor und Stein. Säle und Zimmer sind vergoldet. Das Gebäude ist wundervoll geschmückt. Eine sechsundzwanzig Meilen lange Mauer umgrenzt ein Gebiet, das reich ist an Quellen, Bächen und Wiesen. Hier hält der Großkhan Tiere aller Art: Hirsche, Damhirsche und Rehe.

Inmitten des Tiergartens hat der Großkhan einen Palast bauen lassen, und zwar ganz aus Bambus. Das Innere ist vollständig vergoldet und geschmückt mit wunderbar gearbeiteten Tier- und Vogelmotiven. Drei Monate hält sich der Großkhan hier auf, im Juni, Juli und August."

Die heutige Ruinenstätte Shangdu, die seit 2012 zum Weltkulturerbe gehört, liegt am Ufer des Flusses Luan He, der hier, wo er einen Bogen durch die Innere Mongolei zieht, Shandian He heißt. Shangdu war Hauptstadt der Yuan von 1263-1273 und Sommerresidenz von 1274-1364. Die Stadt ist auch unter dem Namen Xanadu bekannt, der auf das 1816 veröffentlichte Gedicht Kubla Khan des englischen Dichters Samuel Coleridge zurückgeht. Die deutsche Nachdichtung von Wolfgang Breitwieser lautet:

In Xanadu schuf Kubla Khan
Ein Lustschloss, stolz und kuppelschwer:
Wo Alph, der Fluss des Heiles, rann,
Durch Höhlen, die kein Mensch ermessen kann,
In sonnenloses Meer.

Gemeint ist die Mündung des Flusses in den Golf von Bohai und damit in das Gelbe Meer im Nordosten Chinas.

Kublai Khan im Sommerpalast in Shangdu - Phantasiegemälde

Kublai Khan eroberte die damalige Hauptstadt der Vorgänger-Dynastien, die unter dem Namen Peking bekannt ist und heute Beijing genannt wird, zerstörte sie und baute auf den Trümmern den neuen Herrschaftssitz Dadu, für den auch die Bezeichnung Khanbalik überliefert ist.

* * *

48

Bei der Nennung der brasilianischen Stadt Rio de Janeiro schweifen die Gedanken vom Zuckerhut zur Copacabana und weiter zur Parade der temperamentvollen Sambatänzerinnen. Die monumentale Christusstatue mit dem Namen Cristo Redentor fällt vermutlich nur jenen ein, die schon einmal in ihrem Leben diese lebendige Stadt besucht haben. Rio liegt am Atlantik und hat mehrere Buchten. Diese können von den mit Wohnvierteln überzogenen Hügeln eingesehen und bewundert werden. So zum Beispiel von Santa Teresa und Mirante Dona Marta, die einen Blick über das Zentrum und dann von der Marina da Glória zur Bucht von Botafoga mit dem Zuckerhut und der Christusstatue auf der Kuppe des Corcovado gewähren.

Cristo Redentor

Die Statue im Art-Déco-Stil ist 30 m hoch, steht auf einem Sockel von 8 m und breitet die Arme 28 m weit aus. Sie blickt auf das Wahrzeichen der Stadt, den Zuckerhut. Von der die Statue umgebenden großen Aussichtsplattform reicht der Blick rechts davon über den Strand von Copacabana bis zur Festung an deren anderen Ende. Noch weiter rechts ist ein großer See zu sehen, vor dem die gehobenen Viertel Ipanema und Leblon mit exklusiven Geschäften und einem eigenen Strand liegen.

Die Statue Cristo Redentor wurde 1931 fertiggestellt. Der viel bewunderte, von Michelangelo 1504 aus Marmor geschlagene David in Florenz, war mit seinen 5,17 m ein Zwerg dagegen, wenngleich einer der schönsten der Welt. Die 1886 in New York aufgestellte Freiheitsstatue maß immerhin schon 93 m. Doch der Cristo Redentor wurde noch öfters übertroffen, 1967 von den Russen mit der 52 m hohen Mutter-Heimat-Statue, dem Zhongyuan Buddha mit 108 m 2008 in China und 2018 mit der 182 m großen Statue der Einheit in Indien. Trotzdem wird der Cristo Redentor von Rio auch in Zukunft eine viel beachtete Monumentalstatue bleiben.

* * *

Was in der Jetztzeit das Fußballstadion, das war im Römischen Reich das Amphitheater. Das wohl bekannteste und auch größte seiner Zeit und bis heute erhaltene, war das Kolosseum in Rom. Es wurde unter Kaiser Titus im Jahr 80 fertiggestellt und eingeweiht. Rund 50.000 Zuschauer verfolgten dort Gladiatoren, die gegeneinander um ihr Leben oder mit wilden Tieren kämpften. Die Volksbelustigung war kostenlos, war doch das Theater aus der Beute des Krieges gegen die Juden und aus dem entwendeten Schatz des Tempels in Jerusalem finanziert.

Architektonisch ist das Kolosseum eine Meisterleistung, aufgeteilt in vier Abschnitte, der unterste mit dorischen Halbsäulen, der zweite mit ionischen und der dritte Umgang mit korinthischen. Das vierte Geschoss wurde massiv mit viereckigen Fensternischen gebaut.

Das gesamte Theater und seine Arena waren ellipsenförmig angelegt. So konnte der Gegner, das heißt weder Mensch noch Tier, in keine Ecke getrieben werden, aus der es kein Entrinnen gab.

Vor dem Kolosseum verläuft die Via Triumphalis, auf der die Kaiser Roms nach gewonnener Schlacht ihren Siegeszug veranstalteten, um von dort in die Via Sacra einzubiegen und nach Durchquerung des Forum Romanum hinauf zum Kapitol zu gelangen.

Triumphbogen und Kolosseum in Rom

Zu Ehren Kaiser Konstantins wurde auf dieser Triumphstraße ein Triumphbogen mit drei Toren errichtet, der 315 n. Chr. eingeweiht und als Konstantinsbogen bekannt wurde. Die übersetzte Widmung über dem Mittelbogen auf der Attika lautet:

> „Dem Kaiser Flavius Constantinus Maximus,
> dem frommen und glücklichen Augustus,
> haben Senat und Volk von Rom,
> weil er durch göttliche Eingebung und Größe
> des Geistes mit seinem Heer
> sowohl am Tyrannen als auch all seinen
> Anhängern zur selben Zeit
> den Staat mit gerechten Waffen rächte,
> diesen Triumphbogen gewidmet."

Konstantins Vorgänger Maxentius war ein Usurpator, der sich gewaltsam die Macht als Kaiser aneignete. Konstantin selbst war nach seines Vaters Tod Kaiser von Gallien und Britannien. Er zog mit einem großen Heer gegen Rom und schlug seinen Widersacher Maxentius an der Milvischen Brücke, dem Hauptzugang über den Tiber nach Rom aus dem Norden.

Konstantin löste die Tetrarchie auf, die Herrschaft der vier Kaiser Roms, gewährte den Christen Freiheit zur Ausübung ihrer Religion, rief 325 das Erste Konzil von Nicäa ein und verlegte seinen Sitz von Rom in den Osten des Reiches in die nach ihm benannte Stadt Konstantinopel. Er ordnete die Verwaltung, erließ Gesetze, förderte den Städtebau und sicherte die Grenzen des Reiches. In den Geschichtsbüchern wird er Konstantin der Große genannt. Doch ist dies gerechtfertigt? Immerhin ließ er seinen ältesten Sohn Crispus hinrichten und kurz darauf auch seine eigene Frau Fausta, angeblich wegen einer Beziehung der beiden. Über die wahren Motive erzielten die Forscher und Autoren bis heute keine Einigkeit.

* * *

Der von seinem Sohn Aurangzeb abgesetzte Shah Jahan, der ehemalige Großmogul von Indien, blickte aus seiner Gefängniszelle im Roten Fort zu Agra wehmütig aus dem Fenster hinüber zum 2 km entfernten Taj Mahal.

Taj Mahal bei Agra

Kaum ein Bauwerk der Welt genießt so große Bekanntheit wie dieses. Die meisten kennen es aus Bildberichten in Zeitungen und Zeitschriften, aus Filmen und von Postkarten, viele Besucher Indiens aus erster Anschauung. Schon weniger wissen, dass es sich um ein Grabmal handelt, das ein Schah für seine Lieblingsfrau erbauen ließ, noch weniger, dass der Bau selbst für die in unermesslichem Reichtum lebenden Großmoguln Unsummen verschlang, und kaum einer, dass die Lieblingsfrau Mumtaz Mahal eine von den zulässigen vier angetrauten Frauen und geschätzten achtzig Konkubinen war und Schah Jahan die Vollendung des Taj nur noch aus den Fenstern seines Gefängnisses beobachten konnte, in dem ihn sein Sohn bis zu seinem Tod im Jahr 1666 gefangen hielt. Insofern erlangt die feinfühlige Beschreibung des Mausoleums durch den indischen Dichter Rabindranath Tagore, „Eine Träne auf der Wange der Zeit", eine tiefsinnige Bedeutung.

Der Mogul hinterließ mit dem Taj, was „Die Krone" heißt, das schönste Bauwerk Indiens, vielleicht sogar das schönste der Welt. Eine Moschee, ein Palast für trauernde Gäste, eine Parkanlage mit Wasserbecken und monumentale Portalbauten ergänzen die Anlage. Angesichts der Knochenarbeit, die Tausende über zweiundzwanzig Jahre verrichten mussten und kaum mehr als eine Schale Reis mit Gemüse am Tag dafür bekamen, kann dieser Schah eigentlich nur als Wahnsinniger bezeichnet werden. Vermutlich war dies auch die Auffassung Aurangzebs, als er der Verschwendungssucht seines Vaters durch einen Putsch ein Ende bereitete.

Agra war für 200 Jahre die Hauptstadt der muslimischen Mogulkaiser. Der Große genannte Akhbar begann mit dem Bau des Roten Forts, das sein Enkel Schah Jahan mit verschwenderischer Pracht vollendete. Die wuchtige Festung aus Sandstein spiegelt von außen die uneingeschränkte Machtfülle ihrer Herrscher im 16. und 17. Jh. Im Inneren der weitläufigen Anlage begegnen die Besucher einem märchenhaften Glanz. Die Paläste und Empfangshallen, die Moscheen, Privaträume und der Harem wurden mit Marmor ausgekleidet, die Wände mit Intarsien aus Halbedelsteinen und Spiegel belegt. Im großen Audienzsaal mit seinen Hufeisengewölben und Zackenbögen stand einst der über und über mit Diamanten und Perlen bedeckte, legendäre Pfauenthron, den die Perser annektierten und auf dem noch der letzte Schah Resa Pahlawi bis zu seinem Sturz 1979 thronte. Nachdenklich können auch die Besucher vom Burj auf das Taj Mahal blicken. In diesem ebenso reich ausgestatteten, turmartigen Palast verbrachte der abgesetzte Schah Jahan als Gefangener seine letzten Jahre.

Die Abbildung des Propheten Mohammed oder gar Allahs verbietet der Koran. Die islamischen Künstler entwickelten deshalb einen unübertrefflichen Reichtum der dekorativen Ornamentik. Ihre Auftraggeber verfielen dem Personenkult und ließen für sich oder einen geliebten Angehörigen palastähnliche Grabmäler errichten. Das Taj steht dafür nicht allein. Das Grabmal des Humayun in Delhi oder des Itimat-ud-Daula in Agra, beides Ruhestätten verdienter Minister, sind dafür zwei Beispiele von vielen. Diese jedoch sind prunkvolle Juwelen islamischer Architektur mit kostbaren, filigranen Marmorintarsien, deren Halbedelsteine Blumen, Ranken und kunstvolle Weinkrüge darstellen. Der Invalidendom in Paris mit dem Grab Napoleons kann gewiss an Größe mithalten, verblasst jedoch im Vergleich zum Prunk der islamischen Bauwunder.

* * *

Die indigenen Völker in Mittel- und Südamerika entwickelten schon Jahrhunderte vor der Zeitenwende und danach Kulturen auf hohem Niveau.

Die älteste bisher entdeckte Stadtsiedlung auf dem gesamten amerikanischen Kontinent ist Caral nördlich der heutigen Hauptstadt Lima in Peru. Die Spuren reichen bis etwa 5000 v. Chr. zurück. Begrenzt wird das Gebiet von sechs gestuften Pyramiden mit einer Basis von 60 bis 150 m und einer Höhe von 10 bis 18 m. Große Steinschnecken und Monolithe wurden ausgegraben, Skulpturen, Gefäße und Schalen entdeckt und große, runde, ummauerte Plätze. Ob es sich um Kultplätze oder Theater handelte, ist nicht überliefert. Die Besiedelung endete um 1600 v. Chr. – vermutlich durch einen El Niño-Effekt, der zur Versandung der Landschaft und ihrer Anbauflächen führte.

Sechs kleinere Volksgruppen hinterließen ihre bis heute sichtbaren Spuren zwischen den Anden und der Pazifikküste:

Die Chavín begannen um 1000 v. Chr. mit dem Bau der ersten ummauerten Stadt Südamerikas etwa 450 km nord-östlich von Lima. Sie erlangten ihre Blütezeit zwischen 400-200 v. Chr., wovon Tempel, Kultplätze, Grabstätten und ein Labyrinth Zeugnis geben. Im Inneren der größeren Tempel-Pyramide befinden sich Kammern, die mit Gängen verbunden sind, wobei im Mittelpunkt der sich kreuzenden Tunnel ein 4,50 m großer Monolith mit dem Relief einer Göttergestalt stand, der eine menschlicher Figur, ein Raubtiergesicht und lange Krallen an Händen und Füßen hatte. Welcher Gott dargestellt wurde, konnte bisher nicht herausgefunden werden. Die Chavín kannten noch keine Schrift.

Ein erstes größeres Reich wurde südlich des Titicacasees im heutigen Bolivien in Tiahuanaco von den Aymara gegründet, das die Zeit von 1500 v. bis 1200 n. Chr. überdauerte. Seine Blütezeit hatte es zwischen 600 und 900 n.

Chr., in der die große Kultstätte mit ihren Tempeln und Stelen entstand. Zentraler Punkt ist der offene Kalassasaya-Tempel mit einer Seitenlänge von etwa 200 m. Im Osten liegt der Tempel Semisubtéraneo, auch Versunkener Hof genannt. Hier wurde ein über 7 m großer Monolith ausgegraben, der als Bennett-Monolith im Museum außerhalb der Anlage steht. Der Statue werden menschliche als auch göttliche Eigenschaften zugesprochen, ohne den eigentlichen Sinn der Darstellung bereits erforscht zu haben. Durch ein Doppeltor ist der mittig platzierte Ponce-Monolith zu erkennen. Die Figur zeichnet sich durch zwei Zeremoniengegenstände aus, die sie in den Händen hält. Es könnte sich um einen Priester oder einen Herrscher handeln, was noch zu erforschen ist. Das wohl bedeutendste Monument steht in der Nord-West-Ecke des offenen Tempels. Es handelt sich um das Sonnentor, das meisterhaft aus einem einzigen Block herausgeschlagen wurde.

Viracocha – nach Georges Remi, Synonym Hergé

Über dem Durchgang befindet sich das Abbild einer Gottheit mit einem markanten Gesicht, der Schöpfergott Viracocha. Der Kopf ist von einem Strahlenkranz umgeben, in den Händen hält er zwei Schlangen als Zepter. Umrahmt wird der Schöpfergott von Vogelmenschen, die ebenfalls einen Zeremonienstab in Händen halten.

Von der Nazca-Kultur blieben bis heute die riesigen Scharrbilder erhalten, die zwischen 200 v. und 600 n. Chr. entstanden und Figuren wie Kolibri, Affe,

55

Spinne, Kondor, Mensch, Fisch, Spirale und andere darstellen. Die Schaubilder sind nur aus der Luft zu entziffern. Wollten die Menschen von Nazca der Götterwelt Signale senden? Da keine Schrift, keine Lösung dieses Rätsels.

Die Moche errichteten vom 1. bis 8. Jahrhundert mit der Sonnen- und der Mond-Pyramide die größten Bauwerke des alten Südamerika. Besonders bekannt wurde diese Kultur jedoch durch das Königsgrab von Sipán, in dem ein Herrscher zusammen mit seinen Konkubinen und einem Priester seine letzte Ruhe fand.

Moche Gottheit in El Brujo

Die Wari unterwarfen die Moche und die Nazca und errichteten ein Reich, das sich von 600-1000 n. Chr. entlang der Pazifikküste erstreckte. Sie bauten schachbrettartige Städte mit Tempeln, Palästen und Wohngebieten, die vollständig ummauert wurden. Der allmähliche Niedergang, so wird vermutet, hing mit einem El Niño-Effekt zusammen.

Die Chimú beherrschten 1250-1470 ein Reich von Lima bis Ecuador. Von ihrer Hauptstadt Chan Chan blieben nach ihrer Verwüstung durch die Inka und die Spanier nur Reste der Grundmauern.

Das umfassendste indigene Reich beherrschten die Inka vom 13. bis zum 16. Jahrhundert. Es reichte vom Amazonas und Ecuador im Norden über Peru und den Westen Boliviens sowie Argentiniens bis in den Norden von Chile. Das Pantheon der Inka umfasste den Sonnengott Inti, den Schöpfergott Viracocha und die Erdgöttin Pachamama. Nach der Mythologie der Inka kamen Manco Cápac, als Sohn der Sonne, und seine Schwester Mama Ocllo auf der Sonneninsel des Titicacasees im Auftrag des Sonnengottes Inti auf die Welt. Die Herrscher nannten sich Sapay Inka, „Der einzige Inka", nach der als Gott verehrten Sonne. Sie gründeten die Stadt Cusco, was für die Inka der Nabel der Welt bedeutete. Die Hochphase erlebten die Inka unter Pachacútec, der von 1438-1463 herrschte und seinem Sohn Tupac, der von 1463-1493 an der Macht war. Der Sonnentempel Coricancha in Cusco wurde prachtvoll ausgestaltet und von außen mit Goldplatten belegt. Die Spanier zerstörten weitgehend dieses gewaltige Bauwerk und errichteten daneben aus den Quadern das Kloster Santo Domingo. Das bedeutsamste Fest der Inka war das Fest der Sonne, das Inti Raymi, das am 21. Juni zur Wintersonnenwende gefeiert wurde. Von oben betrachtet gleicht Cusco einem Puma. Noch heute findet auf den Inkamauern von Sacsayhuaman, dem Kopf des von drei riesigen Steinwällen geschützten Pumas, eine Theateraufführung statt zu Ehren der Sonne und ihrer Rückkehr.

Der Altiplano verbindet als langgezogenes Hochplateau Peru mit Bolivien und Chile und damit die Heimat der Quechuas und Aymaras. Der Titicacasee an der Grenze von Peru und Bolivien wird von mehr als 25 Andenflüssen gespeist und nur von einem kleineren Fluss entwässert. Auf der Isla del Sol sollen nach der Mythologie der erste Inka Manco Cápac und seine Schwester Mama Ocllo vom Sonnengott auf die Welt gebracht worden sein. Deshalb ist diese Insel den Inkas besonders heilig. Am nördlichen Südufer des Sees befindet sich die Grabstätte Sillustani. Dort sind noch zwölf monumentale Grabtürme erhalten. Weiter nördlich liegt mit 4.335 m Höhe der höchste Punkt des Altiplano am Pass Abra La Raya. Von dort fließt der Urubamba parallel zur Straße nordwestlich. Bemerkenswert ist die Stadt Raqchi mit der gewaltigen Tempelanlage des Viracocha. Die Legende berichtet, dass eine Sintflut über die Hänge der Anden hereinbrach. Von der Zeitenwende des großen Wassers wird berichtet, in der fast alle Menschen ertranken. Nur zwei überlebten – die Urahnen der Andenmenschen. Verursachte vor hunderten oder tausenden von Jahren schon einmal das Klimaphänomen El Niño eine Umkehr der kalten und warmen Meeresströmungen vor der Küste Südamerikas und als Folge sintflutartige Regenfälle? Aufzeichnungen von 1726 und 1892 berichten von derartigen Ereignissen. Noch ältere Katastrophen dieser Art sind durchaus denkbar.

Noch ein Stück weiter auf der Andenstraße liegen die Festung von Pisac und ein gleichnamiger Ort. Westlich und oberhalb davon befindet sich Qenko, eine Weihestätte der Pacha Mama, der Mutter der Erde. Auffallend sind dort Felsnasen, die wie Monolithe aus dem Stein getrieben wurden und am Tag

57

der Sonnenwende keine Schatten werfen. Dies gab den Priester das Zeichen, zur Aussaat und zur Ernte aufzufordern.

Weiter nord-westlich verengt sich das Tal des Urubamba, das Heilige Tal mehr und mehr. Oberhalb des Ortes Ollantaytambo ist eine gewaltige Festung zu erkennen. Wenn die Überlieferung stimmt, dann wurden dort die Herzen und Eingeweide der verstorbenen Herrscher aufbewahrt. Die einbalsamierten Mumien hüteten die Priester in der größten Weihestätte des Inkareiches in Cusco, im Coricancha genannten Sonnentempel.

Bis hierher kamen auch die Konquistadoren mit ihren Truppen. Weiter konnten sie nicht, da nur in wenigen Kilometer Entfernung das Tal sich zu einer steilen Felsschlucht verengte, durch die sich nur der reisende Urubamba einen Weg bahnen konnte. Was sich dahinter und oberhalb verbarg, das wurde der Welt erst Anfang des 20. Jahrhunderts offenbar.

Der amerikanische Forscher Hiram Bingham entdeckte 1911 eine der Welt unbekannte Inka-Siedlung. Er suchte eigentlich die in Vergessenheit geratene und vom Dschungel verschlungene letzte Inka-Festung Vilcabamba und stieß auf Ruinen, die nach dem Berg, auf dessen Hang sie stehen, Machu Picchu genannt wurden. Wer dorthin zu Fuß gelangen will, fährt mit der Bahn im Urubamba-Tal nach Nord-Westen, steigt bei km 82 aus und quert auf dem beschwerlichen Inka-Trail die bergige Landschaft, bis er nach vier Tagen den breiten Sattel des Machu Picchu erreicht. Bequemer ist ans Ziel zu kommen, wenn bis zum km 111 in Aguas Calientes gefahren wird.

So sehr die Besucher auch die Hälse recken, weder auf den Berghängen noch auf dem Kamm zwischen den Gipfeln des Machu und des Huayna, des Alten und des Jungen Picchu, können Spuren einer Bebauung erkannt werden, schon gar nicht eine Zitadelle mit einer Wohnsiedlung.

Ein kleiner Bus fährt auf einer abenteuerlichen Serpentinenstraße mit dreizehn Spitzkehren in einer fast halbstündigen Fahrt zu einem Sammelplatz für Besucher und dem Eingang.

Für jeden ist die Anspannung groß. Ein Pfad führt steil bergan. Lange wird jeder auf die Folter gespannt. Zuerst sind nur Terrassen zu sehen, dann die ersten Mauern und einige unscheinbare Gebäude. Der Aufstieg und jeder Atemzug fallen schwer. Die dünne Luft, der geringe Sauerstoffgehalt und die Anstrengung treiben den Pulsschlag und verursachen bereits erste Kopfschmerzen und leichte Übelkeit. Doch es geht noch weiter hinauf, bis das Ende des Inka-Trails bei einem Steinhaus am alten Haupteingang erreicht ist.

Atemlos wie sprachlos bleiben hier die Touristen stehen. Unter ihnen liegt in der warmen Sonne das Kleinod Machu Picchu. Was für ein Glück, wenn weder Nebel noch Dunst herrschen und nur ein paar kleine Wölkchen im Blau über den Bergen am Horizont ihren Weg ziehen. Für jedermann ist zu erkennen, dass nur ein Kondor Machu Picchu ausfindig machen konnte. Wie ein Horst liegt die befestigte Stadt mehrere hundert Meter über dem Tal des Urubamba auf einem von Menschenhand zwischen zwei Bergspitzen zu einem Sattel verbreiterten Kamm. Der Regenwald reicht an den steilen Hängen bis fast an die Mauern der Festung heran, lichtet sich und bedeckt als trockenerer, aber noch immer dichter, undurchdringlicher Urwald auch die Berghänge weit darüber.

Hiram Bingham schrieb seine Eindrücke in einem Tagebuch nieder: „Diese faszinierende Gegend übt einen derartigen Reiz auf mich aus, dass ich sie mit keinem Gebiet der Welt vergleichen kann. Hier finden sich nicht nur schneebedeckte Gipfel, die die Wolken durchbohren und über dreitausend Meter hoch in den Himmel reichen, nicht nur gigantische, tausend Meter tiefe, steile Schluchten aus vielfarbigem Granit, auf deren Grund schäumende, glitzernde Stromschnellen tosen, hier finden sich auch – in auffallendem Kontrast dazu – Farne und Orchideen, die überwältigende Schönheit einer üppig bewachsenen Vegetation und die geheimnisvolle Magie des Urwaldes." Und in dessen Mitte Machu Picchu.

Ein Bauernsohn führte Hiram Bingham hinauf zu den fast völlig überwucherten und schweigenden steinernen Zeugen einer vergangenen Zeit. Ihm und seinen Vätern gehört der eigentliche Ruhm des Entdeckers.

Was ist das Geheimnis der Ruinen? Kaum eine andere kulturelle Stätte der Welt beflügelt die Phantasie so sehr wie diese, deren Rätsel bisher noch nicht gelöst werden konnten: Von welchem Inka-Herrscher und für welchen Zweck wurde Machu Picchu überhaupt gebaut, warum so weit entfernt von allen anderen Inkasiedlungen und noch dazu so versteckt? Wer hielt sich dort auf? Waren es Astronomen, Priester und Jungfrauen zur Ehre und am Dienst des Sonnengottes? Diente der Ort den Inka-Herrschern zum Rückzug vor feindlichen Angriffen?

Die Anlage spiegelt deutlich die Dreiteilung der Gesellschaft. Auf den höchsten Punkten standen die Paläste und Tempel für den Adel und die Priester, darunter Wohnhäuser für Gelehrte und Handwerker und noch weiter unten einfache Häuser für die Bauern.

War die Festung autark? Konnten die Menschen über einen längeren Zeitraum ohne Kontakt mit der Außenwelt leben und überleben?

Von oben sind Teile des genialen Brunnen- und Kanalsystems zu sehen, das die Felder auf den Terrassen und die Wohnhäuser mit dem lebensnotwendigen Nass versorgte. Lamas als Fleischlieferanten konnten auf gerodeten Hängen weiden. Doch reichten die angebauten Feldfrüchte für eine auskömmliche Nahrung der Bewohner?

Der noch nicht geklärte Sinn der Anlage wird für den Unbedarften noch rätselhafter, vielleicht sogar zum Unsinn, wenn er erfährt, dass das fruchtbare Erdreich auf den tausenden von Quadratmetern der Terrassen aus einer Entfernung von mehr als 40 km auf den Rücken von Lamas aber auch Menschen über den Inka-Trail herangetragen werden musste – damals dem einzigen Zugang, der heute zu den beliebtesten wie berühmtesten Treckingpfaden der Welt zählt.

Der Besucher steigt hinab, durchschreitet ein aus drei Monolithen gehauenes Tor und durchstreift die alten Gassen und Gemäuer. Dicht beieinander stehen der Königliche Palast, der Brunnen für die rituellen Waschungen und der Sonnentempel. Zuerst weckt der Intihuatana das Interesse, der Stein (inti), an dem in der Vorstellung der Inkas die Sonne festgebunden (huata) wurde. Im Winter werden die Tage immer kürzer, die Nächte immer länger, die Sonne zieht immer höher in den Norden, weit über die wasserreichen Gebiete des Amazonas hinaus. Die Inkas hatten Angst, sie könnte für immer entschwinden. Deshalb folgten sie dem symbolischen Ritual, die Sonne während der Sonnenwende am 21. Juni eines jeden Jahres „festzubinden".

Weit entfernt von den Anden, ganz im Süden des Pazifiks, liegt das „Land der langen weißen Wolke", Aotearoa, das wir Neuseeland nennen. Bei den einheimischen Maori erzählen die Väter ihren Kindern die Legende, dass ihre Ahnen die Sonne mit Seilen an der Erde festbanden und auf sie einschlugen, damit sie möglichst langsam über den Himmel zog und lange über ihnen blieb, damit sie die Menschen aber auch die Feldfrüchte länger wärmen würde.

Besteht ein Zusammenhang zwischen diesen Riten? Landeten irgendwann in vergangener Zeit Polynesier an den Ufern Südamerikas, um dort die Einwohner mit ihrem kulturellen Erbe zu befruchten?

Niemand weiß es. Der Intihuatana durfte jedoch in keiner Tempelanlage der Inkas fehlen. Der Stein wurde so kunstvoll behauen, dass seine „Nase" zur

Tagundnachtgleiche im Frühjahr und Herbst keine Schatten warf. Das ermöglichte den Priestern, die Zeit der Aussaat und der Ernte zu bestimmen.

Jenseits des Heiligen Platzes führen die vielen Treppen an der Seite der Wohnhäuser hinunter und dann hinüber zum Sonnentempel, einem kunstvoll gestalteten Bauwerk mit einem Turm. Im anschließenden, zweistöckigen Giebelhaus residierten Binghams Theorie zu Folge die Manacunas – schöne, heilige, von den Priestern ‚auserwählte Frauen‘, die Roben webten, Speisen zubereiteten und für die Priester und Adeligen das alkoholische Getränk Chicha aus Mais brauten.

Direkt unter dem Sonnentempel befindet sich im Fels eine Grotte. Von wem stammten die sterblichen Überreste, die hier gefunden wurden? Bestatteten die Inkas hier die Noblen der Stadt? Von Königsmumien wird gesprochen, was eher unwahrscheinlich sein dürfte, da diese ihre letzte Ruhe in Cusco fanden, im mit Goldplatten belegten Sonnentempel Coricancha.

Intihuatana in Machu Picchu

Vorbei an weiteren Wohnhäusern gelangt der Besucher zum Ausgang. Von hier geht ein letzter Blick zurück auf diese faszinierende und geheimnisvolle Stätte. Nur wenige Plätze der Welt nehmen einen so wie dieser gefangen: Der Steinkreis von Stonehenge in England vielleicht, oder die verwunschene Tempelanlage von Angkor Wat in Kambodscha, möglicherweise die befestigte Wüstenstadt Timbuktu oder die steinernen Mausoleen der Pyramiden von Gizeh. Sie haben alle eines gemeinsam, sie sind rätselhafte Zeugnisse großer Kulturen, die irgendwo in der einsamen Abgeschiedenheit errichtet wurden.

* * *

An der Ostküste von Mexiko lebten die Olmeken von etwa 1500-400 v. Chr. Die von ihnen geschaffenen Kolossalköpfe mit negroidem Aussehen werfen die unbeantwortete Frage auf, in welchem Landstrich die Wurzeln dieser Volksgruppe zu suchen sind. Weder bei den Indianern Nordamerikas, noch bei den Völkern Mittel- und Südamerikas finden sich vergleichbare physiognomische Elemente im Gesichtsausruck. Die Olmeken bauten Pyramiden, fertigten Altäre, kleine und größere Skulpturen, Schmuckstücke und Jaguar-Menschen. Obwohl sie mit schriftartigen Symbolen arbeiteten und eine Art Kalender beherrschten, haben sie keine Hinweise auf ihre religiösen Vorstellungen und ethnischen Verbindungen hinterlassen.

Kolossalkopf der Olmeken

Ein weiteres Rätsel hinterließ das Volk, das von 600 v. bis 600 n. Chr. im Hochtal nahe der heutigen Stadt Mexico-City lebte und Teotihuacán erbaute. Der Name stammt von den Azteken und bedeutet: Wo man zu einem Gott wird. Wer auch nur einmal Teotihuacán besuchte, wird die Benennung verstehen. Im Zentrum dieser Stadt verläuft die von Pyramiden, Tempeln, Plätzen und Palästen gesäumte rund 2 km lange Straße der Toten. Den besten Überblick gewährt der Gipfel der Mondpyramide am nördlichen Ende. Alle anderen Bauwerke überragend und die Szenerie beherrschend steht die gestufte Sonnenpyramide etwa in der Mitte, die drittgrößte der Welt mit einer Seitenlänge von 225 m und einer Höhe von 65 m. Vor ihr ein riesiger Zeremonienplatz. In einer Höhle im Inneren fanden sich Artefakte mit Abbildungen des Sturmgottes, von den Azteken Tlaloc genannt. Wurde dieser hier verehrt oder die Große Göttin, deren Porträt mehrfach als Wandmalerei in den Wohnkomplexen zu finden ist? Niederschriften fanden sich keine.

Die Jade-Göttin oder der Grüne-Tlaloc

Eindeutiger sind die Funde in den Kammern unter der Mondpyramide. Die Forscher entdeckten dort zahlreiche menschliche Überreste. Offensichtlich handelte es sich um Opfer größerer Zeremonien. Einigen waren die Hände auf dem Rücken zusammengebunden, anderen fehlte der Schädel, und Dritten war die Brust gewaltsam geöffnet worden, wie bei den Maya und Azteken, die der Sonne die Herzen der Getöteten als Opfer darbrachten.

Am süd-östlichen Ende der Straße der Toten befindet sich eine von Mauern umgebene, Ciudadela genannte Palastanlage mit Wohngebäuden und einem mehrstufigen Tempel, der Quetzalcoatl geweiht war, dem Haupt- und Schöpfergott, dem Gott des Windes, des Himmels und der Erde. Stets wurde er als Klapperschlange dargestellt, deren Körper mit den Federn des Quezal-Vogels bedeckt war. Zahlreiche Federköpfe zieren die Frontseite des Tempels.

In Monte Albán im Süd-Westen lösten sich die Regierungen zweier Völker ab, zuerst herrschten dort die Zaboteken von 300-900, dann ab 650 die Mixteken, bis diese von den Spaniern im 16. Jahrhundert unterworfen wurden.

Die Tolteken bauten Tula nördlich von Mexico-City als kulturelles Zentrum aus. Um einen großen Platz mit einem zentralen Altar arrangierten sie zwei Pyramiden, einen großen Palast, zwei Säulenhallen, ein Schädelgerüst und einen Ballspielplatz, deren Überreste noch zu bewundern sind. Die Tolteken hatten ihre Blütezeit im 10.-12. Jahrhundert. Was aus ihnen geworden ist, konnte noch nicht geklärt werden.

* * *

Das Popol Vuh ist das im Original überlieferte heilige Buch der Quitché-Maya. Darin werden erläuternde Antworten auf die Menschen bewegenden Fragen in Wort und Bild gegeben. So heißt es im Vorspruch:
„Hier werden wir sie aufschreiben, hier beginnen wir die alte Kunde vom Anfang und Ursprung von allem. Mächtig fürwahr die Beschreibung, die Kunde, wie alles geschaffen wurde, Himmel und Erde; wie die vier Weltenden, die vier Seiten bestimmt und die Male gesetzt wurden.
Da war das ruhende All. Kein Hauch. Kein Laut. Reglos und schweigend die Welt. Und des Himmels Raum war leer.
In Dunkelheit und Nacht kamen der Gott des Himmels und der Gott der Harmonie von Himmel und Erde zusammen und sprachen miteinander.
Sie beschlossen die Schöpfung und den Wuchs der Bäume und Schlingpflanzen, den Beginn des Lebens und die Erschaffung des Menschen."
Weiter steht geschrieben: „Wir aber schreiben dies schon unter dem Wort Gottes, schon im Christentum lebend. Wir heben es ans Licht, denn das Popol Vuh ward unsichtbar."

Das Popol Vuh, das Buch des Rates, der Ratsversammlung mächtiger Maya-Stämme, birgt in der Tat Einflüsse der Missionierung und gibt zugleich Kunde von alten Legenden aus der Zeit vor der spanischen Eroberung, vom Schöpfungsmythos, von der anfänglich missglückten Erschaffung der Menschen, den Kämpfen der Göttlichen Zwillinge in der Unterwelt, von der Erschaffung der Mütter-Väter, der großen Flut und den Dürreperioden – Geschichten, die in Teilen auch in den vier Codices enthalten sind, die vor der Verbrennung durch die Missionare versteckt wurden.

Was in Teotihuacán mangels schriftlicher Überlieferung im ungewissen Dunkel der Geschichte verborgen blieb, war bei den Mayas und Azteken an der Tagesordnung, wie – trotz der missionarischen Zensur und Vernichtung alter Aufzeichnungen – in Wort und Bild überliefert wurde. Das Blut strömte unaufhörlich. Menschen wurden der Sonne geopfert, das Herz herausgerissen und den Göttern als höchste Gabe dargeboten.

Das Weltbild dieser Völker war verworren, defätistisch, von ständiger Angst und Untergangsstimmung geprägt. Die großen mathematischen und astronomischen Kenntnisse führten zu einem Zahlendenken des Unheils, zum Zweifel an der dauerhaften Existenz der Welt und der Furcht vor dem Zerfall ihrer Ordnung und deren restlosen Zerstörung.

Nach dem Kalender der Maya sollte die Welt am 21. Dezember 2012 untergehen. Doch dergleichen passierte nicht. Die Azteken wähnten sich in der fünften und letzten „Sonne", wie sie ihr kalendarisches System selbst nannten. Niemand wird dem Weltuntergang entrinnen, davon waren sie überzeugt, doch sie versuchten dieses Ereignis unaufhörlich durch beschwichtigende Menschenopfer hinauszuzögern.

Tonatihu, der Sonnengott, streckt dem Betrachter seine nach Blut lechzende Zunge aus Obsidian aus der Mitte des aztekischen Kalenders entgegen, der in vielfältiger Form in Mexiko zu kaufen ist.

Das Jahr umfasste 18 Monate mit 20 Tagen und 5 Ausgleichs-Tagen, in Summe 365 Tage. Ein kurzer, ritueller Kalender kannte 13 Zyklen mit 20 Tagen, also 260 Tage. Nach Ablauf von 18.980 Tagen gleich 52 Jahren stimmten der lange und der kurze Kalender überein und am Ende eines als Baktum bezeichneten Zeitraums von 1.872.000 Tagen gleich 5.128 Jahren würde die Zählung von vorne beginnen – wenn nicht die Welt, wie befürchtet, untergehen und das Ende der Zeit anbrechen würde.

Im Codex Magliabechiano wird über das grausame Ritual der Menschenopfer berichtet. Auf der Plattform der Tempel öffnete der Priester den Brustkorb des vermutlich betäubten Opfers mit einem Messer aus Obsidian, riss das Herz heraus und hielt es der Sonne entgegen. Das verströmende Blut gab der Sonne neue Kraft, damit sie sich bei ihrem nächtlichen Gang durch die

Unterwelt nicht auszehren würde, sondern wieder aufgehen konnte. Die Leichen wurden die Stufen hinunter gestoßen, die Köpfe abgetrennt, auf einem Tzompantli genannten Gestell gestapelt und zur Schau gestellt.

Die Menschen brachten ihr eigenes Blut auch als Selbstopfer dar. Sie stießen sich Dornen und andere spitze Gegenstände durch ihre Zungen, Lippen und Ohrläppchen, fingen das Blut auf und verbrannten es vor den Götterstatuen. Zahlreiche Reliefs auf Wänden und Stelen und Piktogramme in den Codices hielten diese rituellen Szenen fest.

In Chichén Itzá steht der Besucher sichtlich bewegt vor der Darstellung eines Menschenopfers an der zentralen Wand des Ballspielplatzes. Wurden die Verlierer enthauptet?

Ebenso nachdenklich macht am Vorplatz des Kriegertempels eine steinerne, auf dem Boden sitzende und sich zurücklehnende Männerfigur mit einer Schale auf dem Bauch, die vermutlich das Blutopfer aufnahm.

Schräg gegenüber steht die Pyramide des Kukulcán, wie die Maya den Gott Quetzalcoátl der Azteken nannten.

Pyramide des Kukulcán in Chichén Itzá

Von vier Seiten führen jeweils 91 Stufen hinauf zur Plattform, die 365te hinein in den eigentlichen Tempel, vor dem die grausamen Handlungen vorgenommen wurden.

Versteckt unter der dem großen Platz der Zuschauer zugewandten Treppe führt ein geheimer Gang zum Tempel hinauf, den die Priester benutzten und plötzlich im weißen Gewand durch das Tempeltor wie ein göttlichen Erscheinung hinaustraten und sich dem wartenden Volk zeigten.

Der Tempel birgt ein weiteres Geheimnis. In einem heiligen Raum steht der sagenumwobene rote Jaguar-Thron der Maya. Die Augen der Raubkatze aus Jade funkeln. Furcht erregend ragen die vier weißen Fangzähne aus dem aufgerissenen Maul. In den Tempeln von Palenque war auf einem Relief ein Herrscher auf einem Jaguar thronend abgebildet. Dies in Erinnerung konnte man sich vorstellen, wie einst hier in Chichén Itzá die Mächtigen den Zeremonien beiwohnten.

Die Pyramide des Kukulcán wurde über einer älteren Pyramide errichtet. Bei der Renovierung in den 1990er Jahren kam der Fotograf I. Rudolp dem im Inneren verborgenen Zeremonienbereich der Vorgängerpyramide so nahe, dass er ein Foto von einem Chac Mo'ol genannten Opfertisch schießen konnte.

Chac Mo'ol

Dieses beweist, dass hier schon immer Priester die Brust von Männern, Frauen und Kindern aufschnitten, deren Herzen herausrissen und der Sonne entgegenhielten. Das Blutopfer, das Vergießen des eigenen und fremden Blutes in scheußlichen Ritualen, galt als heilige Handlung zur Erhaltung der Sonne und damit der Welt.

Für die Maya und Azteken teilte sich das Universum in den Himmel, die Erde und die Unterwelt. Die guten Taten spielten für den Verbleib nach dem Tod keine Rolle. Wer gewaltsam starb, durch Blitz, Ertrinken oder Menschenhand, stieg in eine der himmlischen Ebenen auf. Im finsteren Reich der

Unterwelt landeten alle, deren Leben ein natürliches Ende nahm. Ein erbarmungsloses und ausweglosses Schicksal. Trotzdem erreichte die Kultur der Maya mehrere Höhepunkte. Sie entwickelten eine Bilderschrift, die weitgehend entziffert werden konnte, hatten ein schriftliches Zählsystem, waren Meister der Sternkunde und lebten nach einem Kalender.

Die historischen Stätten der indigenen Mayas wecken Bewunderung bei den Besuchern. Ihr Reich erstreckte sich vom Pazifik bis an die karibischen Küsten von Yukatan, nach Belize und Guatemala. Die Siedlungsspuren der Maya reichen in Belize und Guatemala bis etwa 2000 v. Chr. zurück. Ihre großen historischen Stätten waren: Tikal und Petén in Guatemala, 200-850, Copán in Honduras, 400-800, Palenque in Chiapas, 600-800, Uxmal in Yucatán, 600-900, Chichén Itzá in Yucatán, 900-1450, Tulum in Quintana Roo, 1200-1450.

Archäologen entdeckten 2017 im Bundesstaat Tabasco aus der Luft die größte Monumentalanlage der Maya, die bereits 1000 v. Chr. errichtet wurde. Zentraler Mittelpunkt ist der Zeremonienkomplex Aguada Fénix mit einer Länge von 1,4 km und einer Breite von 400 m. Eine Verbindung zur noch älteren Kultur der Olmeken in San Lorenzo wird vermutet. Die Anlage der Maya wurde bereits um 750 v. Chr. wieder aufgegeben. Warum bleibt eines der vielen Rätsel der Geschichte.

* * *

Die Azteken kannten ein höchstes Wesen, das sich jenseits von Zeit und Raum befand – Ometeotl. Dieser Gott war die Quelle des Lebens und er war es, der die anderen Götter schuf. Sie wohnten in einer paradiesischen Sphäre, in Tamoanchan, einem Ort, der vom Weltenbaum überragt wurde und an dem ewiger Sommer herrschte. Diese göttlichen Gefilde waren den Menschen verwehrt. Sie lebten in ständiger Angst vor dem Erlöschen der Sonne und dem Untergang der Welt.

Die Azteken wanderten etwa im 12. Jahrhundert aus dem Norden ein und gründeten 1320 im Texcoco-See ihre Hauptstadt Tenochtitlán. Ihre Herrscher bauten von Regierungszeit zu Regierungszeit ihr Reich aus, das sich zur Zeit des Eintreffens der Spanier über ganz Zentral-Mexiko von der Golfküste bis zum Pazifik und im Süden bis Guatemala erstreckte.

Im Zentrum ihrer Hauptstadt stand der Große Tempel mit 60 m Höhe. Ihm waren zwei Schreine aufgesetzt für den Kriegs- und Sonnengott Huitzilopochtli und den Regen- und Wettergott Tlaloc.

Der berühmte mexikanische Maler Diego Rivera hat im Nationalpalast am Zocalo genannten Zentralplatz von Mexiko-City mehrere Fresken hinterlassen, von denen eines den Markt der Nachbarstadt Tlatelolco mit Moctezuma im Mittelpunkt und das historische Tenochtitlán mit dem Großen Tempel im Hintergrund zeigt. Eine Nachbildung des Templo Mayor ist im National Museum für Anthropologie in Mexico-City zu sehen.

Moctezuma II. herrschte von 1502 bis 1520. Als Hernán Cortés 1519 eintraf, wurde er gefangengenommen. Bei einem Aufstand der aztekischen Bevölkerung gegen die Spanier wurde Moctezuma II. von seinen eigenen Landsleuten getötet. Sein Feder-Kopfschmuck wird im Museo Nacional in Mexico-City und ein weiterer im Museum für Völkerkunde in Wien ausgestellt.

Moctezuma II. beobachtet die wohlwollende Hochzeitsvorhersage eines fürstlichen, mit Blumen geschmückten Paares, das sich gegenseitig gute Wünsche beim Templo Mayor im Schein der Sonne entgegenbringt (Nach den Bilderhandschriften Mendoza und Borgia Codices)

Der Anfang vom Ende

Die weltpolitischen Kräfteverhältnisse haben sich in den letzten Jahrzehnten deutlich von West nach Ost verschoben und unter dem Titel „Wasser und Zeit" weist der isländische Literaturwissenschaftler und Umweltschützer Andri Snær Magnason auf ein Bündel von Problemen hin: Gletscher werden schmelzen, der Meeresspiegel ansteigen, der Säuregrad der Meere wird zunehmen. Die Schlagworte Gletscherschmelze, Rekordhitze, Versauerung der Meere und Treibhauseffekt werden die jüngere und die nächsten Generationen mit all ihren Folgen begleiten, wenn die Menschheit nicht kurzfristig die erforderlichen Bremsen zieht. Es muss gehandelt werden, um eine globale Katastrophe zu verhindern. Doch alles der Reihe nach.

Mit dem ausgehenden 20. und dem Beginn des 21. Jahrhunderts haben sich die politischen und wirtschaftlichen Kräfte in der Welt deutlich von West nach Ost verschoben. China ist zur Weltmacht aufgestiegen und Indien, wie auch andere asiatische Staaten, sind erstarkt. Der Beobachter stellt fest, dass die weitreichenden Entscheidungen der Welt nicht mehr in Washington, London, Paris, Berlin und Rom getroffen werden, sondern in Peking, Moskau, Delhi und Riad, während gleichzeitig der Einfluss und die Bedeutung der USA insgesamt zurückgeht.

Diese Veränderung ist auch darauf zurückzuführen, dass 1979 Präsident Carter, in Absprache mit Frankreich und Großbritannien, den aus westlicher Sicht entscheidenden Fehler beging, dem Schah von Persien Mohammad Reza Pahlavi die Unterstützung zu entziehen. Der im französischen Exil lebende Ruholla Chomeini sah daraufhin seine Chance gekommen, kehrte nach Teheran zurück, rief als Ajatollah die Islamische Revolution aus und setzte sich als Staatsoberhaupt an die Spitze der Islamischen Republik Iran.

In den darauf folgenden Jahren der Wirrungen, der sich häufenden Attentate der Taliban und der Mächte des so genannten IS sowie der Kriege im Nahen Osten, wurde Russland in kurzsichtiger Weise von den USA und der EU isoliert und mit Sanktionen überhäuft, was dazu führte, dass sich Moskau mit seinen Fühlern verstärkt an Asien und dem Nahen Osten orientierte.

Die EU hat versäumt, sich vereint auf eine starke gemeinsame Zukunft auszurichten und, wo möglich und notwendig, auch militärisch ein Wort mitzureden. Der Brexit schwächt die EU, ohne den Briten mehr Stärke zu bringen, und zahlreiche Länder sind nur halbherzig Mitglied. Das führte dazu, dass bei dem Anfang 2020 erneut eskalierenden Konflikt im Nahen Osten, Europa wieder einmal nur Zaungast des Weltgeschehens war.

Darüber hinaus treiben die USA, aktuell unter Donald Trump deutlich sichtbar, ein verteufelt gefährliches Spiel. 2017 traten sie aus der Trans-Pazifischen Partnerschaft aus und kündigten den Austritt aus dem Welt-Klimaschutz-Abkommen mit Wirkung 2020 an. 2018 teilte Donald Trump mit, dass sich die USA aus dem Atomabkommen mit dem Iran zurückziehen werden. 2019 zogen sich die USA aus dem INF-Vertrag mit Russland über eine nukleare Abrüstung im Mittelstreckenbereich zurück, was die NATO und Europa tief besorgt. Anfang 2020 gibt Donald Trump ferner bekannt, dass die USA das Open-Skies-Abkommen im Luftfahrtbereich wegen angeblicher Verstöße Russlands nicht mehr fortzusetzen gedenken. Ferner teilte er auf einer Pressekonferenz Ende Mai 2020 mit, dass die USA ihre Beziehungen zur Weltgesundheitsorganisation WHO ebenso beenden werden wie die vorteilhafte Behandlung von Hongkong hinsichtlich der Exporte und Zölle. Schließlich läuft am 5. Februar 2021 New Start aus, der letzte große bilaterale atomare Abrüstungsvertrag zwischen USA und Russland. Es bleibt zu befürchten, dass Donald Trump an eine Verlängerung des Abkommens nicht denken wird. Für die 2020 ausgebrochene Corona-Pandemie gibt Trump China die Schuld. Das veranlasste die Frankfurter Neue Presse zu einem Artikel mit der Überschrift: „Neuer Kalter Krieg – Eskalation zwischen USA und China".

* * *

Der in England geborene Peter Frankopan hat in seinem Buch „Die neuen Seidenstraßen" die Gegenwart und Zukunft unserer Welt beschrieben. Darin führt er aus, dass Ferdinand Richthofen für den Austausch zwischen China der Han-Dynastie und der Außenwelt den Begriff „Seidenstraßen" prägte. Damit lässt sich beschreiben, wie Völker, Kulturen und Kontinente miteinander verwoben waren, wie sich Religionen und Sprachen ausbreiteten, wie Ideen von Ernährung, Mode und Kunst weitergegeben wurden.

Wohnkomplexe für Reisende, Karawansereien und Bewässerungskanäle zeigen, wie die Seidenstraßen der Vergangenheit vernetzt waren.

In den letzten Jahren ist klar geworden, dass es im 21. Jahrhundert vor allem die Länder der Seidenstraßen sein werden, die wahre Bedeutung erlangen. Die wirklich relevanten Entscheidungen in der heutigen Welt werden nicht, wie vor hundert Jahren, in den Hauptstädten der westlichen Welt getroffen, sondern in Peking und Moskau, Teheran und Riad, Delhi und Islamabad, in Ankara, Damaskus und Jerusalem.

Denn in den letzten Jahren hat sich die Welt dramatisch verändert und der Westen steht vor großen Herausforderungen. Wie der Brexit vonstattengehen und die Zukunft der Europäischen Union aussehen wird, ist ungewiss. Die USA befinden sich auf einem neuen Weg, dessen Richtung noch nicht klar ist. Ihre Politik gegenüber Russland hat sich als chaotisch erwiesen. Die US-Sanktionen hatten einen gegenteiligen Effekt, denn Russland hat ein neues Kapitel in seinem Verhältnis zum Westen aufgeschlagen. Die Beziehungen wurden auf einen Tiefpunkt gebracht. Die Grundlagen für eine Neuausrichtung Moskaus in Richtung Süden und Osten wurden gelegt. Dabei ist Moskau näher an Peking herangerückt. Eine tödliche Kombination.

Ein Grund für den Optimismus in ganz Zentralasien sind die immensen Bodenschätze. Fast 70 Prozent der Erdölreserven und 65 Prozent der Erdgasvorkommen liegen im Mittleren Osten, in Russland und Zentralasien. Die Länder dieser Region sind für mehr als die Hälfte der globalen Weizenproduktion verantwortlich; sowie zusammen mit den südost- und ostasiatischen Ländern für 85 Prozent der globalen Reisproduktion.

Auf Russland und China fallen drei Viertel der globalen Förderung von Silicium und im Falle Seltener Erden erfolgten 80 Prozent der weltweiten Förderung zuletzt allein in China.

Das Bewusstsein dafür, dass eine neue Welt zusammengefügt wird, hat den Anstoß für Pläne geliefert, aus den sich wandelnden Strukturen Kapital zu schlagen. Hier ist an erster Stelle die chinesische „Belt and Road"-Initiative zu nennen. Ziel ist es, ein Netzwerk aus Eisenbahnstrecken, Autobahnen, Tiefseehäfen und Flughäfen zu schaffen. Geplant sind sechs Landkorridore (China-Mongolei-Russland, Eurasische Brücke, Zentralasien und Westasien-Korridor, China-Pakistan, China-Indien und China-Indonesien) und eine Maritime Seidenstraße von China über Indochina, Indien, Afrika, Rotes Meer, Mittelmeer nach Europa.

Entlang der Seidenstraßen geht seit 2015 der Trend in Richtung Aufbau von Allianzen. Geschaffen werden eine Plattform für langfristige Kooperationen an gemeinsamen Zielen und multilaterale Institutionen, wie die Asian Development Bank, Asian Infrastructure Investment Bank, Shanghai Cooperation

Organisation, Eurasian Economic Union und die Transpazifische Partnerschaft, die ein Bruttoinlandsprodukt von rund 30 Prozent des weltweiten BIP erreicht.

Eisenbahntrassen werden gebaut, ebenso wie Pipelines für den Öl- und Gasmarkt, Stromtrassen und neue Hafeneinrichtungen.

Die neue Seidenstraße bei Ahuran in Persien

China, Russland, die Türkei und der Iran sind darauf eingestellt, dass sich die Welt verändert. Viele Staaten in Asien versuchen herauszufinden, wie sie sich am besten auf die Zukunft vorbereiten können. In diese Kategorie gehören die Initiativen Chinas, Saudi-Arabiens, der Eurasischen Wirtschaftsunion, Kasachstans, Vietnams, der Türkei und Indien. Auffällig ist, dass in dieser Liste die EU fehlt. Im Vergleich zu den Seidenstraßen und Asien bewegt sich Europa in eine andere Richtung: Trennung, Grenzbarrieren, Brexit-Pläne, Anti-EU-Bewegung.

Dazu brachte der ehemalige Vizepräsident und Außenminister Deutschlands, Sigmar Gabriel zum Ausdruck: „China erscheint derzeit als das einzige Land mit einer wirklich globalen geostrategischen Idee. Wir als Westen verfügen über keine eigene Strategie."

* * *

In seinem letzten großen Werk „Kurze Antworten auf große Fragen" fasste der englische Naturwissenschaftler Stephen Hawking die Bedrohungen der Erde und der Menschheit in fünf Punkten zusammen:

Ein Atomkrieg ist immer noch die größte Gefahr für die Menschheit.
Die Erde wird zu klein für uns und die Bodenschätze erschöpfen sich.
Wir haben einen Klimawandel ausgelöst.
Im Universum gilt es, einen Planeten zum Rückzug für uns zu finden.
Künstliche Intelligenz ist zur Verbesserung der Welt gezielt einzusetzen.

Im Januar 2018 stellte die Körperschaft The Bulletin oft the Atomic Scientists die Atomkriegsuhr, auch Doomsday Clock genannt, auf zwei Minuten vor zwölf. Mit der Atomkriegsuhr, der Uhr des Jüngsten Gerichts, wird der Abstand zu der Katastrophe gemessen, die unserem Planeten bevorsteht.
Die erste Explosion einer Atombombe hatte am 16. Juli 1945 stattgefunden. Im Jahr 1947 stand die Uhr auf sieben Minuten vor zwölf. Heute ist sie dem Tag des Weltuntergangs näher als je zuvor.
Leider muss der Zeiger der Atomkriegsuhr näher an den kritischen Punkt herangerückt werden, denn die Wahrscheinlichkeit nimmt zu, dass leichtfertige oder böswillige Kräfte eine weltweite Katastrophe auslösen. Diese von Stephen Hawking geäußerte Meinung wird von vielen geteilt, jedoch nicht von allen. Doch was wäre, wenn eine der führenden Atommächte auf den roten Knopf drücken würde? Eine Kettenreaktion könnte ausgelöst werden.
Am 1. Juli 1968 unterzeichneten die USA, Russland und Großbritannien den Atomwaffensperrvertrag, der am 5.März 1970 in Kraft trat. Inzwischen haben 191 Länder das Abkommen unterschrieben, ohne die Atommächte Indien, Pakistan und Israel. Es soll dafür sorgen, dass nukleare Waffen weniger werden und verhindern, dass Staaten sie weiterverbreiten.
Die Gefahr für einen Nuklearkrieg in Europa ist derzeit relativ gering. Das meinen Experten. Sowohl die NATO als auch Russland hätten kein Interesse

Atompilz 1954 Bikini-Atoll

daran. Man muss trotzdem festhalten: Beide Seiten haben ihre Nuklearwaffen und Raketen modernisiert.

Das größte Risiko steckt in dem Konflikt zwischen Indien und Pakistan. Beide Staaten haben schon mehrere Kriege gegeneinander geführt, beide haben Atombomben.

Zweiter gefährlicher Schauplatz ist Nordkorea. Das Land hat inzwischen 20 bis 30 Atomwaffen, wird vermutet – und Staatschef Kim Jong Un bleibt unberechenbar. Das Hauptrisiko für die Welt ist ein Atomkrieg "aus Versehen".

Neben den offiziellen Nuklearmächten USA, Russland, China, Frankreich und Großbritannien gibt es mehrere Staaten, die verdächtigt werden, selbst Atomwaffen zu besitzen oder die dies offen zugeben, wie Israel, Nordkorea, Indien und Pakistan. Dazu gibt es Staaten, die verdächtigt werden, eigene Atomwaffen zu entwickeln, wie der Iran.

* * *

Im Nahen Osten und in der ganzen Welt haben islamische Terrorgruppen zahlreiche Anschläge ausgeführt. Das folgenschwerste Attentat der terroristisch-sunnitischen Vereinigung al-Qaida ereignete sich am 11. September 2001 in New York. Extremisten lenkten zwei Flugzeuge in die beiden Wolkenkratzer des World Trade Centers, die kurz darauf kollabierten. Es gab über 2.900 Tote und rund 6000 Verletzte.

Der Islamische Staat (IS) ist eine weitere terroristisch agierende, vom Salafismus geprägte Gruppe, die einen als Kalifat deklarierten und vom Dschihad unterstützten Staat anstrebt. Die Taliban sind eine dritte islamistische Terrorgruppe, die aus Pakistan stammt und ihr Unwesen mit Schwerpunkt in Afghanistan treibt.

Alle Gruppierungen zusammen und weitere Radikale vollführten im Nahen Osten vom Ende der 1970er Jahre bis Anfang 2020 insgesamt 2.712 Anschläge mit tausenden von Toten und Verletzten; allein im Irak starben in dieser Zeit 1.434 Menschen und weitere 1.278 in den Ländern Afghanistan, Syrien, Libanon, Türkei, Iran, Ägypten und Palästina. Völkermord und Sklaverei, zum Beispiel an den Jesiden, gehörten ebenso zu ihren Aktivitäten wie die Zerstörung von Kulturgütern, zum Beispiel 2001 die Buddha-Statuen von Bamiyan im Hochland von Afghanistan und zahlreiche buddhistische Artefakte im Museum Kabuls, ferner 2012 muslimische Grabmäler und das Portal einer Moschee in Timbuktu und dann 2015 das syrisch-katholische Kloster Mar Elian in Karjatain, den Baal-Tempel und römische Bauwerke in Palmyra,

Buddha-Statue im Bamiyan-Tal
vor der Zerstörung

die Reste der assyrischen Königsfeste in Chorsabad und in Mossul und Ninive Jahrtausende alte Statuen aus assyrischer Zeit.

Die Wüstenstadt Timbuktu gilt es noch näher zu beleuchten. Der Stamm der Malinke führte unter Mansa Musa zu Beginn des 14. Jahrhunderts das Reich Mali zu Reichtum und Wohlstand. Musa war der Herrscher über Millionen Menschen vom Atlantik bis nach Gao und verfügte über gewaltige Gold- und Kupfervorkommen im Boden seines Landes.

Der fromme muslimische Mansa Musa brach 1323 zu einer Pilgerreise nach Mekka auf, begleitet von etwa 8000 Soldaten und 12000 Sklaven und mehreren Tonnen Gold im Gepäck. Nach acht Monaten erreichte die Karawane Kairo, wo eine längere Pause eingelegt wurde. Der Monarch und sein Gefolge kauften Kleidung, Elfenbein, Literatur und Sklavinnen und zahlten völlig überzogene Preise mit Gold, dass es in Ägypten zu einer Inflation kam. Der Wert des Dinars stürzte ab.

Mansa Musa brach auf, zuerst in Richtung Medina, dann nach Mekka und schritt dort sieben Mal mit anderen Gläubigen um den schwarz umhüllten Schrein, das Heiligtum.

Die Rückreise wurde zur Katastrophe. Mansa Musa und sein Gefolge verloren ihre Führer und verirrten sich in der Wüste. Zahlreiche Mitreisende starben an Durst oder wurden Opfer der räuberischen Beduinen.

Doch das Schicksal wendete sich. Mansa Musa erfuhr, dass einer seiner Generäle Timbuktu und den Stadtstaat Gao eingenommen hatte und er kehrte auf dem Höhepunkt seiner Macht in sein Reich zurück.

Mansa Musa baute das durch die schwarzafrikanischen Songhei und das Nomadenvolk der Tuareg im 9. und 10. Jahrhundert gegründete Timbuktu zu einem Zentrum des Islam aus. Koranschulen wurden errichtet und eine Bibliothek und, wenn die Überlieferungen stimmen, eine erste Moschee, die Djinger-ber-Moschee. Weitere Moscheebauten in Lehmarchitektur folgten in den darauf folgenden Jahrhunderten, die Sankóre-Moschee und die Sidi-Ya-hia-Moschee, sowie Grabmäler und Mausoleen bedeutender Personen.

Der Ort entwickelte sich zu einem Handelszentrum an den Karawanenstraßen von Ägypten durch die Sahara nach Ghana und zum Atlantik einerseits und dem Fluss Niger andererseits, der nur wenige Kilometer entfernt einen Bogen nach Süden zieht, Nigeria durchfließt und in den Golf von Guinea mündet. Die Eingliederung in das Malireich führte Timbuktu zu einer Blüte und zu einem Umschlagplatz für Gold, Salz, Gewürze und Sklaven.

Doch bald darauf setzt der Niedergang des Malireiches ein – unterworfene Völker rebellierten und kriegerische Nachbarn fügten dem Land Schaden zu. Noch schlimmer wurde die Lage, als die Europäer, allen voran die Portugiesen, damit begannen, den afrikanischen Kontinent zu unterwerfen und Kolonialreiche auszurufen. Die Bodenschätze, Elfenbein und Sklaven waren ihr größtes Begehr.

Djinger-ber-Moschee in Timbuktu

Im Jahr 2012 horchte die Welt erneut auf. Radikalislamistische Ansar-Dine-Rebellen und Angehörige der al-Qaida zerstörten mehrere antike Mausoleen, Grabstätten und das Portal der Sidi-Yahia-Moschee. Das restaurierte Weltkulturerbe der Djinger-ber-Moschee blieb jedoch verschont. Anfang 2020 töten französische Soldaten den Anführer der Dschihadistenmiliz, Abdelmalek Droukdal, der die Sahelzone von Mauretanien über Mali, Niger und den Tschad durch Anschläge über Jahrzehnte destabilisierte.

* * *

Die Weltbevölkerung explodiert. Lebten 1950 nur 2,5 Milliarden Menschen auf der Erde und 1987 5 Milliarden, sind es im Mai 2020 bereits 7,8 Milliarden. Die UNO erwartet für die kommenden Jahre ein rasantes Anwachsen auf 8,2 Milliarden bis 2025, 9,7 Milliarden im Jahr 2050 und 10,9 Milliarden im Jahr 2100. Dabei wird weltweit die Lebenserwartung weiter steigen und die Kindersterblichkeit sinken.

Wird die Erde für diese Vielzahl prognostizierter Menschen zu klein? Mit diesem gewaltigen Wachstum der Bevölkerung kann die Zunahme der Nutztierhaltung nicht Schritt halten. Dies gilt besonders in den Entwicklungsländern, die überdurchschnittlich wachsen werden, wie in der Sahelzone und in weiteren Ländern Afrikas, und dies bei einer ohnehin schlechten Versorgungslage mit Nahrungsmitteln und Konsumgütern und einer nicht ausreichenden Gesundheitsvorsorge.

Wie werden sich die Menschenmassen ernähren wollen? Reichen die landwirtschaftlichen Flächen überhaupt aus? Führen Ernteausfälle durch den Klimawandel zu einen Ernährungsnotstand? Wie lange reichen Erze, Metalle und fossile Brennstoffe? Und können künftig die erneuerbaren Energien aus Wind, Sonne, Biomasse, Geothermie und Wasserkraft die fossilen Brennstoffe ersetzen? Die Lösung dieser Fragen gibt Rätsel auf.

Je mehr Menschen die Welt bevölkern, umso größer ist die durch sie verursachte Umweltverschmutzung. Dabei ist zwischen Abfällen und Emissionen zu unterscheiden.

Müll, allem voran der Plastikmüll, wird in vielen Ländern zum größten Teil in die Flüsse geworfen und von diesen ins Meer gespült oder von Schiffbesatzungen direkt in den Ozeanen entsorgt. Die Reibung der Wellen zersetzt diesen Müll in kleinste Partikel, die von Fischen, Vögeln und Schildkröten mitgefressen werden und diesen Tieren so schaden, dass sie daran sterben.

Treibhausgase wie Kohlenstoffdioxid, Methan, Di-Stickstoffmonoxid und andere verstärken den natürlichen Treibhauseffekt deutlich und führen zur globalen Erderwärmung. Hauptverursacher sind Kohle, Erdöl, Erdgas und Torf, das heißt die fossilen Brennstoffe.

Die Versauerung der Meere ist dabei eine gefährliches Phänomen, das schwerwiegende Veränderungen in der chemischen Zusammensetzung der Ozeane in den letzten Jahrzehnten nach sich zog und damit einhergehend für die Flora und Fauna unseres Planeten. Die Versauerung der Meere wurde durch die Aufnahme von etwa dreißig Prozent des Kohlendioxids hervorgerufen, die wir durch die moderne Technologie verursachen.

Der CO_2-Ausstoß führte zur deutlichen Erderwärmung. Diese hat ein Abschmelzen der Gletscher weltweit zur Folge. Einerseits steigt dadurch der Meeresspiegel aller Ozeane und andererseits verringert sich die Wassermenge großer Flüsse, die zum Teil auch austrocknen, wobei vorher unvorhersehbare Überschwemmungen eintreten. Ungezählte Menschen werden diese Gefahr am eigenen Leib spüren.

Gletscher speichern etwa 70 % des Süßwassers der Erde. Sie liefern Wasser für die Flüsse und nehmen Einfluss auf das Klima. Seit Mitte des 20. Jahrhunderts ist ein deutlicher Gletscherschwund zu beobachten. Besonders kritisch ist das Abschmelzen in der Arktis, in Grönland, Island und in der Antarktis zu sehen. Wie die Presse Ende Februar 2020 berichtete, wurden in der Antarktis Rekordtemperaturen gleichauf mit Kaliforniens Metropole Los Angeles gemessen. In der argentinischen Forschungsstation Esperanza auf dem Festland in der Paradise-Bay seien 18,3 Grad Celsius erreicht worden, wie am selben Tag in Los Angeles. Wie Satellitenbilder zeigen, hat die Hitze große Schnee- und Eismassen zum Schmelzen gebracht.

Der zu Ende gehende Winter 2020 in Deutschland war mit 3,9 Grad über dem langjährigen Jahresdurchschnitt der zweitwärmste seit Beginn der Aufzeichnungen im Jahr 1881. Dieser Klimawandel macht sich auch im Norden Afrikas bemerkbar. Bewirkt durch Wassermangel sind zweidrittel aller Oasen Marokkos in den letzten Jahren verschwunden. Die letzte Oasenstadt an der Grenze zur Sahara ist M'hamid. Wilde Elefanten sterben, aber auch domestizierte Kamele mangels Wasser und Nahrung.

Durch das Schmelzwasser sinkt global der Salzgehalt der Meere, wodurch ein Einfluss zum Beispiel auf den Golfstrom eintreten wird, der zu einer Abkühlung in Europa führen könnte.

Auf dem Festland kann die Schmelze zu Hangabstürzen, Eislawinen, Flutwellen und Hochwasser führen.

Insgesamt ist zu befürchten, dass die Lebensdauer der meisten Gletscher außerhalb der Arktis noch in diesem Jahrhundert enden wird. Das bringt ein Ansteigen des Meeresspiegels um ein bis zwei Meter mit sich, was zu einer Überflutung von Städten und Agrarflächen führen wird. Gleichzeitig werden Menschen, die zum Beispiel in den Anden und im Himalaya von den Wassern der Gletscher abhängig sind, unter Wassermangel und Missernten leiden. Völkerwanderungen sind als Folge nicht auszuschließen.

Ein Atoll von Tuvalu im Pazifik

Tuvalu ist ein junger Staat im Herzen des Pazifiks. Er wurde 1978 als parlamentarische Monarchie organisiert und ist Mitglied des Commonwealth of Nations. Die Hauptinsel ist das Atoll Funafuti mit dem Regierungssitz im Dorf Vaiaku. Mit einer Fläche von nur 26 Quadratkilometer ist Tuvalu nach dem Vatikan, Monaco und dem Inselstaat Nauru der viertkleinste Staat der Erde. Die Einwohnerzahl beträgt knapp 11.000 und die höchsten Punkte der insgesamt neun Atolle und Inseln liegen nur etwa 5 Meter über dem durchschnittlichen Meeresspiegel.

Wenn die Meere unserer Welt in den nächsten Jahrzehnten um 1 bis 2 Meter ansteigen, dann ist der Untergang von Tuvalu vorprogrammiert. Nur wenige Erhebungen werden noch sichtbar sein, die von der häufig stürmischen See und den gewaltigen Zyklonen angegriffen und zunichte gemacht werden.

Rund 4.000 ehemalige Bürger Tuvalus leben inzwischen auf Neuseeland. Eine weitere größere Umsiedlung nach Neuseeland, Australien oder einem nahen Inselstaat lehnte das Parlament jedoch bisher ab. Die Bürger wollen ihren Staat Tuvalu und ihre Kultur so lange es geht verteidigen.

Die ersten polynesischen Siedler trafen vor etwa 2000 Jahren ein. Álvaro de Mendaña de Neyra aus Spanien querte 1576/78 den Pazifik auf der Suche nach dem Südkontinent und entdeckte die Insel Nui, die heute zum Staat Tuvalu gehört. Im 19. Jahrhundert kamen mehrfach Europäer nach Tuvalu. Sie betrieben Walfang und Sklavenhandel. Ende des 19. Jahrhunderts wurde Tuvalu Teil des britischen Protektorats und 1915 eine Kolonie des Britischen Empires.

Das von den Menschen verursachte Kohlendioxid wurde früher zu dreißig Prozent von den Weltmeeren aufgenommen, derzeit nur noch zu 23 Prozent. Etwa 30 Prozent werden von den Pflanzen aufgenommen und 44 Prozent verbleiben in der Atmosphäre. Dort saugt das Kohlendioxid Wärme auf, die ins Weltall abgegeben werden würde, und trägt zur Erwärmung der Erde bei. Das Kohlendioxid verschiebt das Gleichgewicht der Energie, sodass mehr Energie auf der Erde verbleibt.

Anemonenfisch vor lebenden und ausgebleichten Korallen

Die Folgen dieser Erwärmung sind an den Korallenriffen in der ganzen Welt zu sehen, besonders am 2.300 Kilometer langen Great Barrier Reef vor der Nord-Ost-Küste Australiens. Etwa die Hälfte der Korallenbänke ist dort bereits ausgebleicht und damit abgestorben. Und die vermehrt einsetzenden Zyklonen tragen weiter zur Zerstörung bei. Korallen sind Tiere, die in Symbiose mit Algen leben. Durch die Erwärmung und Versauerung der Meere trennen sich die Korallen von den Algen, verlieren ihre Farbe und werden blendend weiß. Abgestorbene Geweihe, Fächer und Moospolstern gleichende Hirnkorallen erschüttern den geübten Taucher, der nach einer leider verblassten Korallenbank Ausschau hält. Mit der globalen Erwärmung der Erde und der Meere nimmt die Häufigkeit und Intensität des Ausbleichens zu.

Ebenso schlimme Konsequenzen bringt das Abholzen der Wälder mit sich. Lebensräume verschwinden, der Regen lässt in den betroffenen Gebieten nach, Dürre tritt ein und die Anzahl der Wald- und Buschbrände wächst.

Waldbrand in Kalifornien

Ein Vulkanausbruch stürzte im Jahr 536 die Welt in eine unvorstellbare Katastrophe. Eine gewaltige Aschewolke beschattete monatelang den Norden der Erdhalbkugel, die nur noch wenig Sonnenlicht durchließ und eine lang andauernde Kälte nach sich zog. Die Ernten fielen aus und Hungersnöte hatten ungezählte Opfer zur Folge.

Eine Klimakatastrophe, wie sie die Menschheit noch nicht kannte, forderte ihren Tribut. Dürre und Kälte befielen die Erde und die Jahreszeiten verschoben sich deutlich.

Dem Hunger folgten Krankheiten, die Pest und der Tod. Und die Landwirtschaft verzeichnete weltweit eine totale Missernte. 536, 537 und 538 fielen die Ernten aus oder reduzierten sich auf unbedeutende Größe. Hungersnöte überzogen den Erdball, im Zweistromland, in Europa, in Afrika, in China, in Japan und sogar im Reich der Maya. Frost und Schnee herrschten im Sommer, Vögel verendeten in Scharen. Die Temperaturen sanken im Mittel um 1,5 bis 2,5 Grad, auf der nördlichen Erdhalbkugel um mehr als 10 %.

Ohne Vorwarnung bahnte sich eine große Seuche an. Ein kleiner Floh trug den Pestbazillus von Nordafrika nach Europa, in den Mittleren Osten und von dort weiter nach Asien und China. Verantwortlich dafür waren die durch die Temperaturverschiebungen hungrig gewordenen Mäuse und Ratten, die in den Vorratskammern nach Nahrung suchten und mit deren Verschiffung in den Vorderen Orient und nach Europa gelangten und von dort in die damals bewohnte ganze Welt. Millionen starben an der Pest. Stehen der Menschheit vergleichbare Katstrophen erneut bevor?

Mit El Niño wird das Auftreten veränderter ozeanographisch-meteorologischer Strömungen des äquatorialen Pazifiks bezeichnet. Das Phänomen tritt in unregelmäßigen Abständen von durchschnittlich vier Jahren auf. Auf drei Vierteln der Erde werden die Wettermuster beeinflusst. Auf den Galápagos-Inseln und an der südamerikanischen Küste kommt es zu starken Regenfällen. Diese führen zu Überschwemmungen entlang der westlichen Küste Südamerikas. Selbst an der nordamerikanischen Westküste kommt es zu Überschwemmungen.

Der Regenwald im Amazonasgebiet leidet dagegen unter Trockenheit. Vor Mexiko können gewaltige Wirbelstürme entstehen, die enorme Schäden anrichten. In Südostasien und Australien kommt es durch den fehlenden Regen zu Buschfeuern und riesigen Waldbränden.

Während es in Ostafrika in Ländern wie Kenia und Tansania mehr Regen gibt, ist es in Sambia, Simbabwe, Mosambik und Botswana im südlichen Afrika deutlich trockener.

Es kommt zu einem Massensterben von Meerestieren, Seevögeln und Korallen. Durch die Erwärmung des Meereswassers kommt es zum Absterben des Planktons vor der peruanischen Küste. Hier gab es in normalen Jahren bis zu zehnmal so viel Fisch wie an anderen Küsten. Durch El Niño finden die Fische nichts mehr zu fressen und wandern ab. Die Robbenkolonien finden keine Nahrung mehr und viele Tiere verhungern. Der wirtschaftliche Schaden für die Menschen ist kaum zu beziffern. Durch die hohen Wassertemperaturen tritt auch in diesen Gebieten die Korallenbleiche in den Riffen auf, die bisher davon verschont blieben.

El Niño beeinträchtigte bereits die Inka und trug sogar zum Untergang der Moche und anderer kolumbianischer und peruanischer Kulturen bei.

Die Erdkruste ist noch nicht zur Ruhe gekommen. Die tektonischen Platten schieben sich am Rande des Pazifiks und in anderen Ozeanen übereinander und am Meeresboden ereignen sich Vulkanausbrüche und Erdbeben. Diese Ereignisse führen immer wieder zu Tsunamis, deren Flutwellen gewaltige Folgen auf dem Festland auslösen.

Flutwelle eines Tsunami

Die Auswirkungen sind besonders gravierend, wenn das Beben eine Magnitude von 7 und mehr erreicht, das Zentrum des Bebens nahe der Erdoberfläche am Meeresgrund liegt und dieser vertikal verschoben wird.

Eine der schlimmsten Tsunamikatastrophen der jüngeren Geschichte ereignete sich am 26. Dezember 2004 vor der Küste Sumatras. Mindestens 231.000 Menschen wurden in acht asiatischen Ländern getötet, darunter auch die Frau eines auf Hochzeitsreise in Thailand befindlichen Freundes des Autors.

Vor 66 Millionen Jahren traf ein Asteroid die Erde mit solcher Wucht, dass nicht nur die großen Dinosaurier ausstarben, sondern auch drei Viertel aller damaligen Pflanzen und Tiere. Dies war das fünfte Massensterben nach den Großereignissen vor 439, 364, 251 und 199 Millionen Jahren, so die Erkenntnisse der Wissenschaft.

Im Bericht des Weltbiodiversitätsrats der Vereinten Nationen von 2019 steht, dass aktuell bis zu einer Million Tierarten vom Aussterben bedroht sind. Das Fazit der daran arbeitenden Wissenschaftlern ist, dass ganze Ökosysteme zusammenbrechen werden, wenn man den rasanten Eingriff in Lebensräume, die Verschmutzung durch Industrie und Landwirtschaft, die Überfischung und den Raubbau an natürlichen Ressourcen mit den verheerenden Auswirkungen des Klimawandels zusammenaddiert. Die genannten Aspekte haben der Erde und somit der Zukunft der Menschen bereits so stark zugesetzt, dass die Verfasser der Studie zu sofortigem Handeln aufrufen.

Eine Gefahr ganz anderer Art griff die Menschheit Ende 2019/Anfang 2020 an, die bis dahin unbekannte Atemwegserkrankung COVID-19, auch Corona genannt, die sich in kürzester Zeit zu einer gefährlichen Pandemie entwickelte. Ausgangspunkt war China. In nur wenigen Wochen waren Menschen in fast der ganzen Welt infiziert. Hotspots waren neben China in Europa Italien, Spanien und England und in der Welt USA und Brasilien. Bereits Ende Juni 2020 gab es 10 Mio. Infizierte und über 500.000 Todesfälle. Die wirtschaftlich starken Industrienationen arbeiten an einem wirksamen Impfstoff, um diese Krankheit nachhaltig weltweit bekämpft zu können.

Weitere Krankheiten mit hohen Todesfällen waren in den letzten Jahren
- die weltweite Schweinegrippe 2009/10 mit 18.449 Toten,
- das Ebolafieber in Westafrika 2014-16 mit 11.314 Toten,
- die weltweite Grippewelle 2017 mit allein 25.100 Toten in Deutschland,
- das Ebolafieber in Kongo und Uganda 2018-20 mit 2.237 Toten.

* * *

Alien ist eine Bezeichnung für außerirdisches Leben, das weder auf der Erde entstanden noch beheimatet ist. Schriftsteller und Filmemacher finden großen Gefallen daran, Werke über das Zusammentreffen von Erdbewohnern mit Alien zu verfassen. Bisher wurden sechs amerikanisch-britische Filme gedreht, der erste mit dem Titel „Alien – Das unheimliche Wesen aus einer anderen Welt", und zahlreiche Bücher veröffentlicht. Alle Produzenten und zahlreiche Leser und Interessierte gehen davon aus, dass es im nahen und fernen Universum erdähnliche Gebilde gibt, die Leben in Form von Aliens ermöglichen.

Die Bedrohungen der Erde sind, wie dargestellt, gewaltig und vielfältig. Schließlich wird die Erde in wenigen Jahrzehnten zu klein für uns Menschen. Die Zukunft der jungen und der künftigen Generation wird deshalb viel stärker von den Naturwissenschaften und der Technik abhängen, als je zuvor. Die Frage, wie das Leben auf der Erde begann, ist ebenso unbeantwortet wie die Frage, ob es im Universum noch weiteres Leben gibt oder nur unseres auf unserer Erde.

Für die Zukunft stehen uns Menschen zwei Möglichkeiten offen. Erstens die Erkundung des Weltraums mit dem Ziel, alternative Planeten zu finden, auf denen wir leben können, und zweitens der gezielte Einsatz Künstlicher Intelligenz zur Verbesserung unserer Welt.

Bei der Lösung dieser existenziellen Aufgaben sind Wissbegierde, Einsatz und Umsicht erforderlich. Dies gilt besonders für das Schaffen Künstlicher Intelligenz. Denn wir wissen nicht, ob wir von Künstlicher Intelligenz hervorragend unterstützt oder ignoriert und ausgebremst oder womöglich sogar zerstört werden.

Das Universum, das Weltall, ist für den bodenständigen Erdbewohner unendlich groß. Seine Form kann eine Kugel oder ein Ball sein, ein Ellipsoid, oder flach und unendlich; genaues ist noch nicht erforscht. Der Durchmesser des Weltalls beträgt mindestens 78 Milliarden Lichtjahre, wobei jedes Lichtjahr einer Entfernung von 9,46 Billionen Kilometer entspricht. Die Entstehung des Weltalls, der Urknall, oder die göttliche Schöpfung der Gläubigen, vollzog sich vor 13,8 Milliarden Jahren.

Von der Erde aus ist eine, unsere Milchstraße zu sehen. In dieser Galaxie befindet sich unser Sonnensystem mit unserer Erde. Der Durchmesser dieser Galaxie wurde mit 170.000-200.000 Lichtjahren berechnet und die Anzahl ihrer Sterne wird auf 200 bis 300 Milliarden geschätzt. Alles große Zahlen und große Entfernungen. Und niemand weiß genau, welcher Planet in dieser Milchstraße Umweltbedingungen aufweist, die Leben in unserem Sinne möglich machen: eine sauerstoffhaltige Atmosphäre, Wasser und Regen, eine Flora und Fauna zum Bepflanzen der Erdoberfläche, ein Luftdruck von etwa 1 bar und Temperaturen zwischen +30 und -15 Grad Celsius im Wechsel von Sommer und Winter.

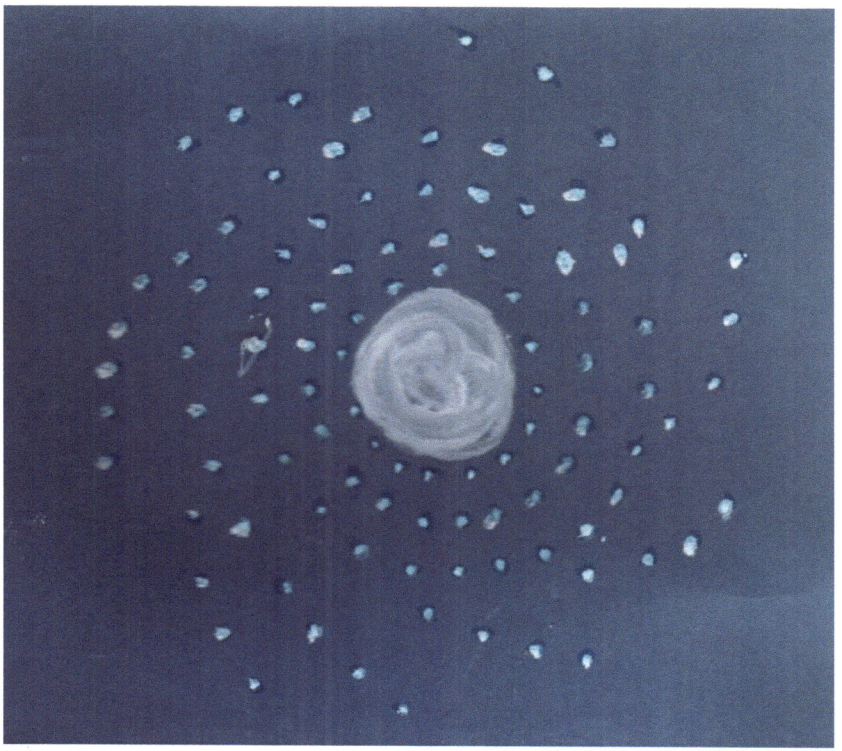

Spirale unserer Milchstraße

Die Erforschung des Weltalls begann 1957 mit der von Russland gestarteten Trägerrakete Sputnik 1 und dem von ihr ausgesandten Satelliten. Danach wurden der Mond erforscht und betreten und Raumsonden zu Planeten, deren Monden und Asteroiden auf den Weg gebracht. Dabei wurde festgestellt, dass die Venus eine dichte Atmosphäre besitzt, auf dem großen Jupitermond Io

Vulkanismus herrscht, Geysire auf dem Neptunmond Triton sprühen und sich auf dem Saturnmond Titan ein Methansee befindet.

Mit der derzeitigen Technik können von der Erde aus etwa 50 Milliarden Galaxien beobachtet werden. Allerdings gehen die Wissenschaftler davon aus, dass sich im Universum etwa 1 Billion Galaxien befinden. Die unserer Milchstraße nächstgelegene Galaxie vergleichbarer Größe ist der Andromeda -Nebel mit einem Durchmesser von 140.000 Lichtjahren. Die Entfernung dieser Galaxie zur Milchstraße beträgt 2,5 Millionen Lichtjahre.

Tom Westby und Christopher Conselice von der Universität Nottingham stellten nach einer dpa-Meldung vom Juni 2020 ihre Einschätzung im Fachblatt The Astrophysical Journal vor. Danach könnte es in unserer Milchstraße ungefähr 30 intelligente Zivilisationen geben. Allerdings beträgt der mittlere Abstand nach ihren Forschungen zwischen diesen Zivilisationen 17.000 Lichtjahre.

Das alles sind gewaltige Zahlen und die Entfernungen erscheinen mit den heutigen Raketen und deren Antriebstechniken und Treibstoffen für Menschen nicht überwindbar. Im September 1977 starteten die USA Voyager 1. Diese unbemannte Raumsonde flog 2019, also erst nach 42 Jahren, an den beiden Planeten Jupiter und Saturn vorbei. Wissenschaftler der NASA sagen voraus, dass beispielsweise der Mars mit weiterentwickelter Technik in 260 Tagen, wenn nicht sogar in nur 130 Tagen erreicht werden kann. Doch es würde 3 Millionen Jahre dauern, das nächstgelegene Sternsystem mit seinen Planeten zu erreichen. Um die Reisedauer merklich zu verkürzen, müsste die Ausstoßgeschwindigkeit der Raketen bis auf Lichtgeschwindigkeit erhöht werden, was zum Beispiel mit einer Kernfusion zu ermöglichen wäre oder mit anderen noch zu entwickelnden Techniken.

Wir Menschen haben die Möglichkeit, dieses Ziel zu erreichen, mit dem Einsatz von viel Phantasie und Erfindergeist.

Alle Errungenschaften der Zivilisation sind ein Produkt menschlicher Intelligenz und diese hat sich über die Jahrtausende gewaltig entwickelt. Das gilt auch für die sogenannte Künstliche Intelligenz, die uns bereits eine ganze Reihe von Erfolgen beschert, wie Spracherkennung, maschinelle Übersetzung, Körperbewegung z. B. der Beine, Frage-Antwort-Systeme, autonomes Fahren und andere.

Forscher arbeiten an der Technischen Hochschule in Lausanne am Blue Braine Projekt, am ersten künstlichen Gehirn eines Menschen.

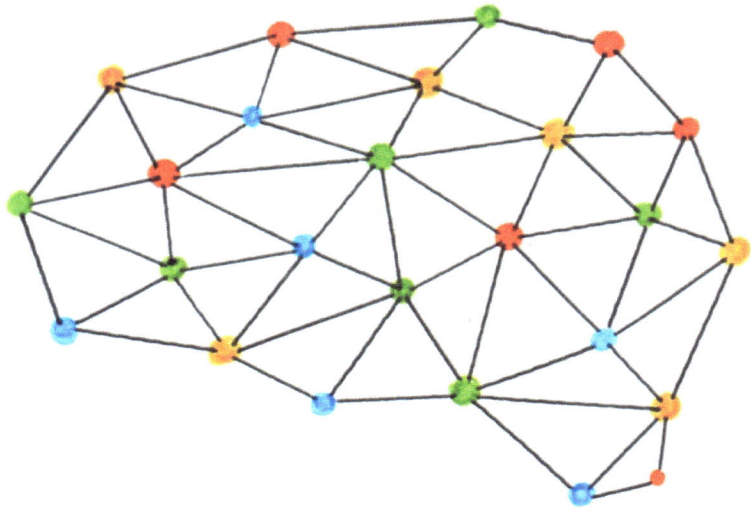

Schematische Darstellung eines Digital Brain

Wie verhalten wir uns im Umgang mit Künstlicher Intelligenz? Das heißt, wir müssen aufpassen, von ihr zu prosperieren und nicht von ihr bestimmt zu werden, um Risiken zu vermeiden. Das bedeutet, die Forschung muss an einer Künstlichen Intelligenz arbeiten, die von uns steuerbar und kontrollierbar ist.

Die heutigen und die künftigen Generationen müssen sich mit den bereits aufgezeichneten Problemen auseinandersetzen und bei deren Bewältigung Künstliche Intelligenz einsetzen: die globale Erwärmung minimieren, die notwendigen Ressourcen für die wachsende Bevölkerung finden, die Ausrottung von Flora und Fauna stoppen, Erneuerbare Energien entwickeln, mit der Zerstörung der Ozeane und Wälder aufhören und das Ausbreiten von Epidemien und Pandemien verhindern.

Mit Hilfe der Künstlichen Intelligenz wird es uns möglich sein, in wenigen Jahrzehnten Reisen in das nähere Weltall zu veranstalten. Und wir werden uns die Chance eröffnen, herauszufinden wie der Urknall geschah und was sich dabei vollzogen hat.

Dietrich Volkmer beschrieb in seinem Buch „Abschied vom Urknall" mehrere Thesen gegen das Unwahrscheinliche und kommt zum Schluss zu folgenden Feststellungen: „Dieses Universum mit all seinen Wundern kann kein

Zufallsprodukt sein, das irgendwann ohne Zweck und Sinn in einem Urknall oder wie auch immer angestoßen wurde, sondern hinter allem steht ein geistiges Prinzip, das das gesamte Universum durchpulst, durchwebt, durchgeistigt, von Beginn an vorhanden war und stets in allem, was lebt, vorhanden ist und wirkt. Ob wir es Gott nennen oder Schöpfer oder Tao oder den Urgrund, das muss jeder für sich in seinem Inneren entscheiden. Wie das Universum wirklich entstanden ist, und vor allem warum, das ist ein Geheimnis. Es ist SEIN Geheimnis."

* * *

Schlussbemerkung

Im Garten des Autors im Vorder-Taunus in einer Höhe von 330 m lag zwischen 1977 und 2019 mindesten an einem Tag Schnee zwischen Heilig Abend und dem Neujahrstag, beim Wechsel von 2019 auf 2020 zum ersten Mal nicht. Dafür öffneten sechs Edelrosen ihre roten Blüten am 1. Januar 2020 und erfreuten sich an der spürbaren Erderwärmung.

Quellenverzeichnis

Alan Bullock, Weltgeschichte, Verlag Buch und Welt, 1974

Marco Polo, Die Wunder der Welt - Il Milione, Insel Verlag, 2003

Dietrich Volkmer, Abschied vom Urknall - Thesen gegen das Unwahrscheinliche, Books on Demand, 2006

Stephen Hawking, Kurze Antworten auf große Fragen, Klett-Cotta, 2018

Travis Elborough, Atlas der verschwundenen Orte, Franckh-Kosmos , 2019

Peter Frankopan, Die neuen Seidenstraßen - Gegenwart und Zukunft unserer Welt, Rowohlt, 2019

Andri Snær Magnason, Wasser und Zeit – Eine Geschichte unserer Zukunft, Insel Verlag, 2020

Azteken Codices: Mendoza, Borgia, Florentinus, Magliabechiano

Maya Codices: Madrid, Dresden, Paris, Mexiko

GEOEPOCHE, Die Welt seit dem Jahr 1 – Eine Reise durch 20 Jahrhunderte, Gruner + Jahr, 2019

Frankfurter Allgemeine, Die Welt, Frankfurter Neue Presse, Der Tagesspiegel

wikipedia.de, unesco.org, BR.de, Arte.de